品成

阅读经典 品味成长

图书在版编目（CIP）数据

品牌黑客 ：关系驱动的品牌方法论 / 张大豆著 .

北京 ：人民邮电出版社，2025. -- ISBN 978-7-115

-65767-1

Ⅰ.F273.2

中国国家版本馆 CIP 数据核字第 2024F9H401 号

◆ 著　　　　张大豆

责任编辑　郑　婷

责任印制　陈　犇

◆ 人民邮电出版社出版发行　　北京市丰台区成寿寺路 11 号

邮编 100164　电子邮件 315@ptpress.com.cn

网址 https://www.ptpress.com.cn

文畅阁印刷有限公司印刷

◆ 开本：880×1230　1/32

印张：8.5　　　　　　　　2025 年 1 月第 1 版

字数：240 千字　　　　　　2025 年 3 月河北第 3 次印刷

定价：69. 80 元

读者服务热线： （010）81055671　印装质量热线： （010）81055316

反盗版热线： （010）81055315

"话说天下大势，分久必合，合久必分。"

看得见的是利益的把戏，看不见的是关系的博弈。

没有绝对的利益，只有相对的关系。

一切商业皆关系，

一切符合天时、地利、人和的企业

都事出有因。

怎么听都对，怎么做都错

很多人是定位理论的信奉者，但我们都知道，没有英雄的时代，只有时代的英雄。

在这个很多人追求速成的时代，我们突然发现，在新商业环境和市场条件下，传统的定位理论（如市场定位、产品定位等）正在失去其原有的效力和指导意义。随着互联网、大数据、人工智能等技术的发展，以及消费者行为和市场结构的变化，市场的边界变得模糊，目标人群的定义也愈发复杂，单纯依靠差异化竞争和大规模淘汰制的模式已经难以满足时代的需求。

在中心化思维的时代，传统理论有其成功法则。

在去中心化思维的时代，企业则要重构商业关系，重新理解以用户为中心，才是更好的去中心化思维。用户多变是必然的，企业要想应对用户的多变，就要善用灰度和相关性，而不是再用中心化。

消费者的决策方式正在发生巨大的变化，除了不变的商业本质——多、快、好、省，又出现了变化万千的关系本质。在刚性需求消费趋于饱和的今天，潜在需求消费成为新的市场增长点，物质满足是基础，精神满足是增值项。今天的消费者选择一个品牌，本质上是在选择一种人格认同，即自我决策认同，换言之，要为自己的付费找到超越产品维度，跨越到更高认同维度的理由。

◆ 超级巨头涌现，市场巨变

在传统市场中，企业瞄准消费者，针对不同的消费者做差异化产品，通过多个赛道的尝试，寻找适合市场需求的方向。比如很多大牌产品，为了应对线上和线下的需求变化，专门推出迎合某个渠道消费者需求的产品。

这种靠大基数、淘汰制抢占市场的方式，已经不再适合中小企业。那些占据极大市场的品牌可以去试错、去验证，但对超级个体、中小品牌来说，效率已经低得可怕，试错变成了一试就错，每一次试错都会付出巨大的代价。应用者听了一大堆定位理论，但着手一做，发现完全不是那么回事，这不是理论的错误导致的，而是对时代的理解和趋势的匹配出现了偏差。

在这种市场形势下，大品牌疲于奔命，小品牌一步错，则步步错。市场的竞争力和创新活力被不断消耗，大家在同一个赛道上不断投入资源，真可谓"一将功成万骨枯"。那些被淘汰的个体，无法发挥应有的价值，市场恶性循环，超级巨头涌现，但也是"虚胖"，无法长久。

这种两头都消耗的模式，已经不太适应市场发展的需求了。

因此，对新时代的品牌而言，仅仅依靠传统的定位理论已经不足以应对市场的挑战。它们需要更加注重消费者的情感体验、市场的多元变化和自身的创新能力。只有在此基础上，品牌才能在新商业场景中脱颖而出，实现持续发展。进一步讲，新商业场景呼唤的是一种更加全面、深入且灵活的发展理念。这种新理念，不仅要关注产品的差异化，更要注重品牌与消费者之间的情感联结，以及品牌在市场中的独特价值和影响力。

◆ 痛苦的不是转型，是被迫转型

市场巨变，带来的自然是生存之战。

那些能够迅速捕捉市场变化、及时调整经营策略的企业，往往能够在逆境中脱颖而出，实现持续稳健的发展。在面临市场变革时，有些企业能够果

断地摒弃旧模式，积极拥抱新技术、新思维，实现快速转型。它们通过优化组织架构、提升创新能力、加强品牌建设、拥抱全新工具、掌握时代算法等方式，不断提升自身的竞争力，从而在市场上稳扎稳打，赢得用户的信赖和支持。

然而，并非所有的企业都能如此幸运。有些企业由于种种原因无法及时适应市场的变化，被迫转型。在转型过程中，这些企业往往面临巨大的挑战和困难。它们需要突破技术、资金、人才等多方面的瓶颈，同时还要应对来自竞争对手的压力和市场的风险。在这个过程中，很多企业慌了手脚，听信各种理论和策略，一再耽误自己的发展窗口期，始终无法快速找到适合自己的发展模式，最终陷入困境，甚至被淘汰出局。

这种在挣扎之后依然被淘汰出局的感受，难受至极。

面对激烈的市场竞争，企业到底该怎么办？

当然有解药。

◆ 超级个体时代与人格化商业

董宇辉以一己之力可以影响新东方的股价，有些网红主播创造的产值甚至可能超过一些上市企业，这些超级个体都在不断地证明：在人人都是媒体的时代，商业竞争会落在品牌的竞争上，个人品牌将是企业独一无二的差异化竞争力。

这几年越来越多的企业创始人、个体创业者等，都开始下功夫构建自己的品牌。因为品牌的运营成果，将决定个体、企业未来在市场竞争中的地位。我们看到，淄博烧烤火了，带火了城市品牌；"村超"[①] 火了，带火了特色旅游。

品牌塑造和运营，已经成为市场增长的新一极。

随着消费市场的变化，品牌的价值更加突出，知识产权的保护更加完善，

---

① 乡村足球超级联赛的简称，是贵州乡村体育赛事。

而市场交易的核心逐渐从以"物"为中心过渡到以"人"为中心，人成为市场交易的关键节点，人格化商业时代来临。"人格化商业"这个词，是我首先提出来的。

所谓人格化商业，即以人为商业核心，以企业创始人的社交、态度、价值观、专业知识等为脉络，以产品为沟通载体，形成的新型消费模式和消费圈层。在人格化商业中，消费者在消费产品的物理属性时，更加看重企业创始人传达的理念、态度和价值观，更加看重产品蕴含的社交货币属性，产品的实用价值只是产品的标配，而产品传达的态度、价值观、社交货币属性等，才是产品的差异化竞争力。企业创始人之所以要打造个人品牌，其底层逻辑就在此，无形的个人品牌影响力，已经成为企业产品的差异化竞争力。

市场是动态变化的，整个商业社会的品牌意识也在不断成熟，我很欣慰地看到，企业家、明星、创业者都开始重视自己的品牌管理。未来将是品牌的时代，当国家、行业、市场提出新的要求时，我们唯有迎头赶上，才能得到市场的加持。市场与企业双向奔赴，才是企业所需要的最好的状态。

既然是双向奔赴，就应该做到需求匹配和能力匹配。企业和个体，只有想清楚自己到底想要什么、自己有什么，以及自己愿意付出什么代价，才有与市场双向奔赴的可能。

整天梦想着 7 天速成、月入百万，往往都会以失败告终。总想着抄近道的人，往往走了别人不曾走的弯路。

所有品牌必然是基于其基因成长起来的。这里所说的基因，主要是指企业的资源、能力、擅长领域等。对企业创始人来说，这里的基因是指性格、习惯和特质基因，并不单指生物基因。世界上没有完全相同的两片叶子，也不存在完全一样的基因。不尊重基因而打造出来的品牌，都如建造在沙滩上的城堡，潮水一过就会轰然倒塌。

　　每位创业者都有属于自己的基因，都有自己的特质和专长，如果一味地套用别人的方法，那么最终呈现在我们面前的则会是非驴非马的怪异形象。**尊重个人基因，找到属于自己的特长，这是品牌打造的第一步。**

　　第二，遵循"天道"。这里的"天道"要求企业做到以下三点。首先，遵循自然规律。任何事物的发展都需要经历时间的打磨，需要苦心孤诣地付出。一夜成名的背后，是默默无闻的努力。其次，尊重人性。品牌满足的是人性深处的本质需求，任何产品和商业模式都构建在人性之上，只要人性没变，企业就不能只凭借自己的好恶去运营品牌。最后，遵循社会基本法则和规律。商业社会是规则社会，不讲规则、不守信誉、不存敬畏心、总想挑战大众底线的品牌，不会长久。

　　第三，和时代做朋友。只有时势造人，没有人造时势。实际上，每一位企业家都是时代的企业家，一旦跨时代，就有新的企业家诞生，这是自然规律，也是品牌的底层规律。即使百年企业，也都是借着品牌的基因在讲新故事。今天，时代要求企业家以社会大众的需求为导向、尊重大众的消费需求，要求企业精细化运营、打造个人品牌、构建产品竞争的护城河，要求企业家与人民站在一起推动共同富裕，要求企业家兼顾公平、保障社会利益最大化，企业家就要拥抱这样的时代，将个人与财富之间的关系，转化为个人与人民之间的关系。新时代的企业家必须具备以下三个条件：创造真正的价值、满足周期的需要和疗愈民众的情绪。我相信很多人都开过车，体验过猛踩油门后的推背感。企业家和时代做朋友，就能体会到时代给予的那种"推背感"，这类企业家就是能抓住"风口"飞起来的人。

　　我们必须明白，超级个体时代，品牌一定是千人千面，一定带着创始人的基因特质，一定如做人一样步步精进。所有想走捷径、抄近路的行为，无疑都会为未来埋下祸根。**饭总得一口一口吃，路总得一步一步走。**

　　创始人鲜活的生命之上生长出来的品牌是自然而然的，所有外在的术、法、器，不过都是锦上添花。台下的狡猾成不了器，台上的真诚才显真金。企业只有梳理好与国家、时代、行业、用户、媒体的关系，用心、用情去做，未来才有希望。

　　穿越生命的历程，穿越时代的周期，被时间打磨过的东西总会熠熠发光。让自己内心充满愉悦的事情，才值得用尽力气去达成。

　　我们正在进入全民英雄的时代，在共同富裕的时代浪潮中，国家、社会、人民想让我们去做的事情，才真正值得去做。苏轼曾说："夫享天下之利者，任天下之患。居天下之乐者，同天下之忧。"创始人要做这个时代的英雄，就必须"任天下之患"。

　　选择了自己的品牌，就选择了一生。想法可以天马行空，行动必须坚定而持续。这个世界上最大的危险就是试试看，能让人飞起来的，不是想要飞的欲望，而是飞不起来就要死的绝望。

　　别犹豫，我们一起以关系为无限筹码，玩一场超级游戏，收获我们的超级品牌！

张大豆

2024 年 9 月于北京豹变 IP

算法主导世界

在商业领域取得胜利，通常需要具备一定的优势力量。这些力量可以大致分为两种：一种是看不见的力量；另一种是看得见的力量。看得见的力量主要决定了企业在竞争中的基础地位，看不见的力量则主要决定了企业的溢价能力。

在互联网中，有个词叫"黑客"（hacker）。

什么是黑客？

"黑客"一词在不同的语境中有不同的含义。在技术领域，黑客通常是指对计算机系统和网络有深入了解的人，他们能够发现并利用系统的漏洞进行各种操作。

在营销领域，黑客应该是那些在商业领域掌握独特的大模型算法的人或组织。黑客以他们独特的算法为武器，编织出一张张精密的品牌策略网络。他们不仅仅是技术精英，更是创意巨匠，能够洞察市场的微妙变化，预测消费者的心理动向。他们能够将技术与创意相结合，为品牌创造出独特的价值。他们通过精准的数据分析，洞察消费者的需求，为品牌提供个性化的服务；他们通过巧妙的创意策划，打造出引人注目的品牌形象，吸引消费者的眼球。

如果说在品牌领域也有黑客，那么这些黑客就具备了独特的洞察力和操作手法。这些黑客将企业品牌和企业家品牌进行深度整合，通过大模型算法提升品牌的竞争力。品牌黑客让企业有清晰的品牌定位，明确自己的品牌价值和核心竞争力，同时让企业家具备一定的个人品牌影响力，以更好地推动企业品牌的发展。在企业品牌和企业家品牌的双轮驱动下，企业就可以运用大模型算法更精准地把握市场动态，制定出更具竞争力的战略。

我们将品牌黑客的构成总结成一个大模型算法公式，即

品牌黑客 = （企业品牌 + 企业家品牌）× 深度关系

在本书中，我们将围绕关系、品牌天意、算法、品牌黑客、品牌灰度、品牌算力等关键词，深度论述品牌关系，为读者深入解读品牌成长的底层逻辑、算法逻辑以及善意对商业品牌的巨大价值。

本书从感性与理性的角度对相关理论进行论述，并辅以案例，方便读者阅读理解。若有争议之处，欢迎大家斧正！

第 1 章

关系链：

品牌战略效率的底层逻辑

关系的背后是人心所向，如果不能厘清关系，就无法准确地制定品牌战略。你的品牌用户是谁？战略规划如何？品牌机会在哪里？这些都是由关系决定的。

1.1 用理性揣摩用户，用感性打动用户

用户是感性的还是理性的？

当用户苛求一件商品的实用性时，价格、细节、性价比等都是其考量因素。稍有瑕疵，用户就可能放弃购买。当用户情感上特别接受一件商品时，商品的物理属性似乎被忽略不计了，用户会冲动买入。

是什么影响了用户的决策？

在心理学中，人类的决策往往是由两个系统共同作用的结果：系统1和系统2，这在丹尼尔·卡尼曼（Daniel Kahneman）的著作《思考，快与慢》中有详细的阐述。系统1操作快速、自动，经常是无意识的，依赖直觉和情绪；系统2则是缓慢的、富有逻辑的、有意识的思考过程。大多数情况下，人们在做决策时两个系统都会有所涉及，但具体依赖哪个系统更多，可能取决于决策的情境、个体的性格和经验等因素。

在经济学中，传统经济学假设，人是理性的经济人，总是寻求自己效用或利益的最大化。然而，行为经济学对这一假设提出了挑战，指出人们在决策时常常受到各种认知偏误的影响，如锚定效应、确认偏误等，这些都是感性（非理性）因素的表现。

在社会学中，个人的决策不仅受到个人认知的影响，还受到社会环境和文化的深刻影响。例如，人们的购买决策常常受到社会比较、

群体压力和文化趋势的影响。这些因素通常是感性的，因为它们涉及人类对于归属感和社会认同的需求。

我们会发现，人类在决策时，并不是绝对的感性或理性。在本书中，我们将人类的理性称为"逻辑脑"，将人类的感性称为"感性脑"。让我们一起看看逻辑脑和感性脑是如何塑造企业与用户之间的关系的。

理性是绝对值，感性是附加值！

理性是我们认识世界、理解事物的基础，它让我们能够客观地分析问题，做出正确的决策。产品好不好、值不值，这是绝对值。如果一件产品在理性脑这一层不达标，那么它就失去了与用户链接的资格，根本轮不到感性脑来决策。

感性是我们与世界互动的重要媒介，它赋予我们情感、情绪和创造力，让我们能够更好地理解和体验生活。感性让我们能够体验到生活的美好和丰富，让我们能够与他人建立深刻的情感联系。在产品极为丰富的当下，大多数产品都很棒，那么用户到底应该选择谁？此时当然是感性占据了上风。

谁最了解用户，用户就选择谁！谁最能安抚用户，用户就选择谁！谁最能给用户提供社交话题，用户就选择谁！谁最能给用户归属感，用户就选择谁……

我们惊奇地发现，用户决策的逻辑悄然发生了变化，产品的功能属性隐退，情感属性凸显。同样的产品，用户更愿意去网红直播间购买。A 网红和 B 网红以同样的价格卖同样的产品，而你却只会买 B 网红宣传的产品，为什么呢？产品还是那个产品，但是卖产品的人成为选择的依据；同样的饮品，用户更愿意去能打卡拍照的地方消费。

当产品、企业、企业家与用户的关系，从买卖关系变为朋友、闺密、导师等关系时，用户购买产品的逻辑就悄然发生了变化。

从本质上讲，用户的理性解决了值不值的问题后，感性则决定了爱不爱的问题。只有值得用户去爱的产品，才是这个时代合格的产品！

明白了用户决策的逻辑后，我们能发现这样几个关键词。

逻辑脑　感性脑　关系　决策

逻辑脑决定了需要，感性脑决定了想要。

从企业、产品的角度看，要争取用户的青睐，在竞争中赢得市场，在同质化的逻辑脑中脱颖而出，感性脑影响下的关系，至关重要。

我们在揣摩用户的消费需求时，除了要理性达标，更重要的是要用感性打动用户。理性的事物因为过于客观而显得冷冰冰，感性的事物因为情感的触动而显得"深情款款"。理性与感性的交织，往往能诞生让人爱不释手的产品和品牌！我们能做的就是努力让用户的感性脑发挥作用！

1.2 关系机制：人是一切关系的总和

什么是关系？

关系是事物之间相互作用、相互影响的状态。

道家认为"万物负阴而抱阳"，阴阳关系构成了世界。

耶日·科萨克在《存在主义的大师们》中说，人不论是生物存在，还是社会存在，都是实实在在的关系存在，人即关系。所谓社会，它不过是人的全部生长关系和活动关系的总和。

《马克思恩格斯全集》里说，人的本质不是单个人所固有的抽象物，在其现实性上，它是一切社会关系的总和。

…………

关于关系的论述，大师们各有各的想法，我从商业的角度将关系定义为：关系是满足一切商业需求、时刻变化的状态，人是一切关系的总和。

1.商业是需求关系的外在体现

在商业形态中，人始终是核心。脱离了人去谈商业，就如无源之水，无本之木。商业的发展围绕人的需求展开，有形的产品填补了人的物理缺失，无形的产品填补了人的精神缺失。比如，饭菜满足了人获取能量的需求，精美可口的饭菜在满足人获取能量需求的同时，又满足了人的精神需求。

解决需求的过程，就是关系发生作用的过程。

商业交易的一侧是物理需求，另一侧则是精神需求，成功的企业往往都会满足用户在这两侧的需求。当物质与精神达到和谐统一时，产品和品牌就在商业价值中达到了巅峰状态。此时，企业在市场中攻城略地，则是顺其自然的事情。

好的商业形态都具备一个特质，那就是人心所向。有人的地方，就存在关系，而一切商业行为本质上都是在建立和改变一种关系。

2.关系决定商业形态

以物易物时代，商业需要个体与个体建立信任关系，物品的交换只要双方觉得值，这种交易关系就成立。货币时代，商业更需要等价物——货币来建立关系，货币承载了信任与共识。即使人与人之间的关系不够紧密，只要有货币，交易关系就成立。到了互联网时代，商业更依赖平台，平台承载了货币的部分功能，让人与人之间的关系建立变得更加容易。两个素昧平生的人，可以通过互联网建立商业关系，甚至人际关系。通过货币和平台建立商业关系是个不错的选择，但同时副作用也很明显，那就是商业交易的链条一再被拉长，商业交易的效率反而在降低。

在当下及未来相当长的时间里，商业关系又将发生巨大的变化。由于人工智能、大数据、云计算、区块链、数字孪生、元宇宙等技术的发展，人人都可以是中心，品牌将解决人与人的信任难题，最大限度地缩短商业关系的链条。因为有了个人品牌的背书，人变成共识本身，品牌将成为消费者商业交易的载体，信任问题得到解决，达成共识就是水到渠成的事情。

在商业环境中，关系不仅限于买卖双方，还包括供应商、分销商、合作伙伴、竞争者以及与政府和社区的关系。这些关系的性质和紧密程度可以深刻影响商业实践、策略的选择以及企业的最终成功。

当你理顺了上下游的关系时，你就拥有了强大的供应链能力。供应链能力是当下极为重要的商业竞争力。比亚迪、小米无一不是这样的代表。

当你理顺了用户关系，用户的满意度和忠诚度会保持在很高的水平上，这种关系的深度和广度直接影响企业的市场份额和收入增长。董宇辉的"与辉同行"、私域能力极强的创业者都是其中的典型代表。

当你理顺了合作关系，战略伙伴关系可以帮助你分担风险、共享资源、加速创新，从而在竞争中获得优势。例如，技术公司常常通过合作开发新产品或共享专利技术。

商业形态是由多种关系共同塑造的。创业者理顺了一种关系，就会在细分领域塑造出一种商业形态。

3.关系的层级与制约

商业中，人是主体，**人与人之间的关系层级决定了商业的好坏。**

人与人之间的关系可以分为三种，分别是信任关系、合作关系和竞争关系。人在沟通交流时，会受到关系的制约，不同层级的关系对人的制约是不同的。信任会消解很多沟通障碍，让牢固关系的建立更快速、高效，也让合作变得更加顺畅。合作关系则会形成利益共同体，让彼此的立场趋于一致。竞争关系其实很特殊，是一种彼此对立又彼此需要的关系。

在亚当·斯密（Adam Smith）的经典著作《国富论》与《道德情操论》中，他对人性进行了深入的剖析。他明确指出，人的自私性在行为决策中占据主导地位，人往往会首先考虑个人利益。正如刘慈欣在《三体》中所言，文明的首要任务是生存，而生存往往伴随着一定程度的自私。然而，如果个体都过分强调个人利益，忽视社会责任，那么社会的和谐稳定将难以维持。特别是在商业领域，企业创始人为赢得市场份额、击败竞争对手而全力以赴，但若无道德约束，商业活动将陷入恶性循环，因为纯粹的自私自利模式无法长久。

尽管商人追求利益，但他们的行为同样受到道德规范的制约。亚当·斯密在强调人性自私的同时，也指出了道德的存在。然而，他也明确指出，人的道德观念是有限的，单纯依赖道德维系社会关系是不够的。因此，市场的调节作用显得尤为重要。在市场中，即使彼此陌生的人也可以通过交换和交易建立联系，进而促进社会的稳定与发展。

你会发现，在不同的关系层级中，其他要素都没有发生变化，只要关系稍有变化，商业模式、商业发展形势等都会发生变化。某用户刚开始是 A 产品的忠实粉丝，但突然发现 A 产品的创始人在公共场合不遵守社会规则，随意丢弃垃圾，他就会对这位创始人的人品产生怀疑，这种不信任一旦产生，他就会对产品"吹毛求疵"，直至放弃使用该产品。做商业犹如做人，什么样的人吸引人，什么样的商业也就吸引人。

随着社会的发展，看似毫不相关的东西，实则会影响企业与用户的关系。科技越发达，人品越稀缺，关系就会变成商业中至关重要的要素。我经常说，商业的最终战役，是人品的战役，也是基于此。商业的终局，还是要在商业关系上做博弈。

4.人是一切关系的总和

人在社会结构和交互中，处于核心位置。个体不仅仅是生物学实体，更是社会关系的集合体。人的社会身份和角色是通过与他人的关系定义的；个体的行为和决策受到所处社会关系的影响；人与人的交互不仅影响他们对彼此的看法，还会影响他们对自身的认知；人也是文化的传承者和创造者，文化通过语言、习俗、信仰和艺术等形式在人群中传播，并通过社会化过程被个体内化；商业交易不仅仅是商品和服务的交换，也是人与人之间信任和合作的体现……

一切的关系，最终都归集于人。人又因为多样化的需求创造了无数个性化的关系。

5.关系一变，立场就变

某个用户总是投诉一家公司的产品，说产品做得不好，使用体验不佳。直到有一天，他发现他学生时代暗恋的女孩竟然是这家公司的产品经理。他再也不投诉这家公司的产品了，反而觉得这家公司的产品也挺好用的。

是这家公司的产品变化了吗？其实并没有。仅仅是因为用户对待公司的态度发生变化，即关系发生变化，一切就改变了。今天的市场不缺乏物质，缺乏独特的好感。

如果把上面提到的暗恋对象替换为企业创始人，是不是也是同样的道理？！当企业创始人的言语、行为、形象、价值观等足以影响用户时，用户对待企业及企业产品的态度就会发生变化，用户与企业、企业创始人的关系随之变化。

从关系的角度出发，所谓的商业行为，就是人在某一场景、时期中特定关系下的需求、行为、语言和情绪的表达与互动方式。是大家彼此间的关系，而不是用户的性格或企业产品，决定了他的行为与立场。

对企业和企业创始人来说，最终能够打动用户的，往往都是人品，即所谓的价值观。**如果企业在面对用户时，总是讲道理，讲逻辑，那么当产品出现问题时，用户就会以同样的方式对待企业。**这时，企业就处于非常被动的地位。

在经济学中，商业的本质被阐释为交换。产品、服务只有经过交换，才具备价值。而这个交换的过程，就是商业真正有趣、有意义的地方。因为交换意味着不同的个体、组织之间要发生关系，这种关系并非我们普遍意义上理解的人际关系、社交关系，而是一种基于需求交换而产生的信任与共识，这就是我所说的商业关系。

你购买了这本书，因为你有阅读学习的需求，也有打造品牌的需求。基于这样的需求，你接受或部分接受了我的观点和方法，并将其付诸行动。在此过程中，我们建立关系，达成共识。

在商业中，你采购了我的服务（知识），对我产生了认同和信任，从某种意义上讲，我们达成了共识。如果我讲得足够好，那么你会全盘接受我的观点，甚至对我产生崇拜心理，进而建立更加深远的关系——这个过程就是常见的商业关系的构建过程。这个商业关系构建成功后，所有参与其中的人，共同组成了一个商业的江湖，这个江湖既讲究快意恩仇，也讲究规则律条，更讲求情义无价。

在商业关系中，用户懂道理，但他需要体验、感受情理，需要企业或企业创始人给他宠爱的感觉。就如人与人之间的相处，真正的朋友往往不问对错，先支持再说。刘德华在一次访谈中提到，朋友都是盲目的，你有困难我真的会顶上去，至于分对错，就留给法官吧。当企业不再讲道理而是讲情理时，用户才会靠近你。讲到这里，你需要考虑一下：你想把用户当作消费者还是朋友？

企业或企业创始人对用户的爱盲目一点、奋不顾身一点、血性一点、真性情一点，用户自然能感知到。他们自然也会回馈给企业以热烈的拥抱，给予支持。2008年汶川地震时的王老吉、2021年的鸿星尔克，都是这样的例子。当企业表现出真性情时，用户自然真诚相拥。在今天的消费主张中，人品也许就是最好的产品。

"投我以木瓜，报之以琼琚"，是企业或企业创始人在商业竞争中改变关系的关键。

1.3 关系大模型：品牌的智能驱动模型

无论企业品牌还是个人品牌，核心都是要构建与消费者的良性关系，这种关系是为了减少交易摩擦，让交易无卡点，更是为了在满足消费者物质需求的同时，还能满足其精神需求。

企业品牌和企业家品牌是独立而又相互交融的关系。小米品牌和雷军的个人品牌互相独立，但又互相加持。雷军的个人品牌为小米品牌带来信任加持，小米品牌又为雷军的个人品牌带来资产沉淀。参与其中的消费者，就成为品牌的"自己人"。

企业品牌和企业家品牌是企业发展的"双轮"，对企业战略来说，双轮驱动的模式才能健康和高效。企业品牌和企业家品牌双轮驱动模型，如图 1-1 所示。

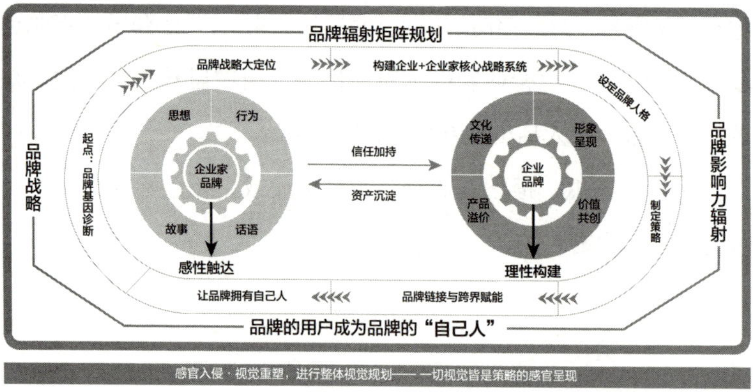

图 1-1 企业品牌和企业家品牌双轮驱动模型

1.企业家品牌

企业家品牌是由企业家的思维、行为、故事、话语共同构成的。作为有温度的人，企业家拥有企业品牌所没有的温度、感性和亲近感。在传统的商业模式中，企业家身居幕后，产品一旦交易完成，商业行为就结束了。消费者对企业家完全没有感知，与产品的关系也只停留在交易层面。

这种纯交易关系极为脆弱，市场上一旦有竞品存在，消费者就可能被吸引，所以打价格战就成了企业最常进行的活动。价格战之下，没有赢家。

而高于价格的是价值认同，企业家最应该售卖的是什么？一定是思想和人格。**思想所到之处，便是人心收留之地，认同思想、理念的用户往往都是优质的用户，而只认同产品的用户往往对品牌没有忠诚度。**苹果手机畅销的背后除了过硬的技术，还因为其在用户的潜意识里早就植入了牢不可破的乔布斯精神文化溢价。过去是爱一人，择一城；如今是爱一人，择一物。

一旦引入企业家品牌，消费者与企业的关系就有了新的变量。消费者与企业之间不再是单纯的交易关系，而是注入了情义，具有了感性价值。

2.企业品牌

企业品牌往往都是理性的，它能呈现企业形象、传递企业文化、提高产品溢价，并与消费者进行价值共创。但这种理性往往显得冷冰冰的，充满了距离感。消费者对于一个看不见、摸不着且无法感受到"温度"的符号，是天然缺少信任感的。所以，企业家品牌的信任加持就变得尤为重要。**企业品牌建立理性价值，企业家品牌建立感性价值。**双方共同构成了品牌的理性与感性，让企业获得了更强的发展动力。

未来，品牌会越来越像人，呈现人的温情、优点、缺点和个性。而个人会越来越像品牌，拥有品牌的符号、话语体系、内容输出能力等。

品牌终将人格化，人格终将品牌化。人格品牌化会成为诸多企业家的追求，因为人格价值的塑造及呈现是企业附加值的重要组成部分。

3.双品牌互动

企业家的基因决定了个人品牌的特质，也决定了企业品牌的特质。如果想让品牌的发展更为良性，就要先从品牌基因诊断做起——品牌基因中最重要的组成部分就是企业家基因，然后通过品牌战略大定位，构建企业＋企业家的核心战略系统。这套战略系统通过核心的策略、创意、执行项设定、可落地的方法，最终为企业赋能。

品牌战略的最终目的，一定是让企业发展具有更强劲的动力，让品牌造福消费者，让消费者成为品牌的"自己人"，进而形成企业自循环发展生态。我们熟知的小米品牌与雷军，以及几乎大量的成功企业就采用这样的双品牌发展模式。

在市场竞争日益激烈的今天，企业的成功不再仅仅依赖产品的质量和价格，而更依赖品牌的影响力和文化内涵。

企业家的个人品牌，不仅是企业的一张名片，更是企业精神和文化的代表。优秀的企业家通过自身的经历、智慧和领导力，塑造出独特的个人品牌形象，为企业赢得了更多的信任和认可。他们不仅是企业的创始人，更是企业文化的缔造者和传承者。

企业的终局，则是要在这个行业中确立自己的领导地位，可持续地赋能社会。这不仅意味着企业要在市场份额上占据领先地位，更要在技术创新、行业规则制定、社会责任担当等方面展现出企业的引领力和责任感。企业要成为行业的标杆，为整个行业的发展贡献自己的力量。

在这个过程中，企业家需要带领企业不断探索和创新，以应对市场的变化和竞争的压力。他们要具有敏锐的市场洞察力和判断力，能够把握行业的发展趋势和市场需求，及时调整企业的战略和布局。同时，他们也要注重企业文化的建设，激发员工的归属感和创造力，为企业的可持续发展提供坚实的基础。

企业家的终局是做好个人品牌，成为行业榜样，企业的终局则是成为行业的领军者。二者相辅相成，共同推动着企业可持续地发展和壮大。

1.4 人格化品牌：企业家的个人品牌架构是企业 最高的战略系统

如果创业者觉得，只要做个好产品就能成功，那么他大概率已经创业失败了。随着市场竞争不断加剧，好产品已经是进入市场赛道的基本门槛。市场已经不再是过去野蛮生长的阶段，并不是有了好产品就一定能赢得市场。

但是，如果你没有好产品，那么你连创业的资格都没有。品质过硬的产品，已经是创业者上"赛道"的标配。所以，环顾市场，好的产品让人眼花缭乱，产品品质层面的竞争已经是一片红海。

你有好产品，我也有好产品，那么最终谁能胜出，赢得用户的"芳心"？

当然是能与用户产生情感联结的产品，是能与用户建立关系的产品，是拥有情绪价值的产品。

如何打造这样的产品？用户不可能和物品去联结，用户想要联结的是有温度、有情感的人。归根结底，还是产品背后的创始人起着决定性作用。我们会发现，原来品牌不再是冷冰冰的标识，有了创始人的支撑，品牌拥有了人格化的温度。

1.企业家的基因决定了企业的基因

提到苹果手机，就绕不开乔布斯的完美主义；提到特斯拉电动汽车，人们自然就会联想到马斯克的创新热情和疯狂的性格；提到小米产品，就无法回避雷军的商业营销哲学、产品的极致性价比。

除了遗传基因，一个人的基因还包括受成长环境等影响的后天基因，这些基因决定了他是一个什么样的人，他擅长做什么。企业家的个性特征、价值观、领导风格和行为方式会深刻影响他们创立的企业的文化、运营和发展方向，企业家的这些基因决定了企业的产品具有什么特性，适合什么样的用户群体，而这一切形成了企业的本质特性，也是消费者优先选择企业的理由。

例如，企业创始人重视创新和风险承担，那么这些特质可能会融入企业的文化，鼓励员工采取创新行动和接受挑战。企业文化不仅会影响员工行为，还会影响品牌形象和用户感知。

企业创始人的领导方式会直接影响组织的管理结构和决策流程。企业创始人对市场的理解、业务的扩展方向以及对新技术的接受度等，都能决定企业的成长路径和市场地位，而这些也会给用户植入一个深刻的品牌人格印象，毕竟什么样的人就会创造什么样的品牌。

企业创始人的声誉和个人品牌在很大程度上可以加强或削弱企业的品牌形象。

可以说，企业家的"基因"（即他们的个性和行为方式）在很大程度上塑造了企业的"基因"。这种影响从企业的内部管理到外部形象，从日常运营到长期战略，都有所体现。

2.认知杠杆：企业家品牌是认知的溢价

既然企业家的基因深刻地影响着企业，那么企业品牌能否做大，就与企业家的品牌息息相关。如何更好地联结用户，如何为用户的隐性需求提供必要的情绪价值，这是企业家的责任。

企业家做个人品牌，核心目的不是自己能为企业卖多少产品，而是因为自己的存在，企业产品会更好卖，团队会更好运营。

用户获取信息的方式和习惯已经发生了改变，企业家如何与公众对话，如何通过思想的传播赢得用户，这才是企业家需要学习的游戏规则。

再次强调：企业家的思想所到之处，便是人心收留之地。企业家放下身段给用户讲故事，为用户提供情绪价值，这才是企业家的高光时刻。当雷军为小米汽车车主送上鲜花，拉开车门，再谦卑地关上车门时，小米品牌因此变得更加伟大，既获得了短平快的社交媒体传播和话题，也收获并积累了强大的品牌资产。

能赢得未来的企业家是身兼四种功能的超人，即偶像化、专家化、亲民化、势能化（见图1-2）。换言之，企业家必须成为用户的偶像、行业的专家，要亲民，以及要用个人势能推动企业品牌。

图 1-2 企业家是身兼四种功能的超人

3.品牌人格化：企业品牌是交易的高地

当企业家的基因和品牌不断影响着企业品牌时，用户已经无法明确地区分企业与企业家了，他们会将自己对偶像（企业家）的热爱嫁接在企业的产品上，疯狂买买买。当一群"丈母娘"对董宇辉的喜爱无与伦比时，她们会将激情倾泻在董宇辉的直播间，疯狂下单。

因为人格化后的品牌更容易与用户建立情感联系，用户购买的不再是产品，而是对偶像的呵护。产品或服务只是附赠品，他们购买的更是与之相关的情感和体验。情感体验和情绪价值，才是企业下一个竞争时段的核心竞争力。

当企业家用个人品牌拿下市场阵地时，我们才发现，这何止是建立了阵地，更是建立了竞争高地，别人无法争夺、无法复制、无法超越。

1.5 动态平衡关系：常给用户提供情绪价值，偶尔让用户"炸毛"

　　既然关系是满足一切商业需求、时刻变化的状态，那么当关系不平衡时，品牌与用户之间就会出现矛盾。当品牌处于强势地位时，用户会感受到压迫感和不尊重感，当创始人的价值观与用户无法同频时，用户就会用脚投票，选择远离。我们看到很多企业或企业创始人在面对公关危机时，往往不懂得如何处理，不懂得去平衡与用户的关系，导致做一步错一步，最后无法收场。

　　拥有魅力的企业创始人，往往都是平衡关系的高手。当用户需要情绪安抚时，他总能提供情绪价值。当用户需要新鲜感时，他总是剑走偏锋，让用户在情绪波动后，反而更疯狂地爱上了这种感觉。

　　一味顺从用户的企业创始人是不合格的，既能给用户进行情绪安抚，又能让用户偶尔"炸毛"的企业创始人才是优秀的。

1.消费者主权时代，谁拥有话语权

　　谁拥有选择权，谁就拥有话语权。谁决定市场趋势，谁就拥有话语权。

　　很显然，在当下的消费环境中，市场在寻找用户，而不是用户寻找市场。用户的消费意愿和价格敏感度在很大程度上决定着市场趋势。

星巴克不断推出新产品以吸引和留住用户。例如，随着消费者健康意识的提高，星巴克增加了更多无糖、低脂和植物基奶选项，如杏仁奶、椰奶和燕麦奶，以满足消费者对健康饮品的需求。此外，星巴克还推出了各种季节性和节日特色饮品，如南瓜香料拿铁，以应对消费者对新鲜感和季节性产品的追求。

当消费市场一片红海时，谁能及时响应用户的需求，谁就能赢得用户，获得用户的忠诚。

2.提供情绪价值不是唯一

品牌与用户、创始人与用户之间，关系越顺，黏性就越高。当用户的需求被及时响应时，用户感受到了呵护和宠爱，自然会更加信赖和忠诚于品牌。但我们要懂得人性的底层逻辑，并不是一味地讨好，就可以获得对方的尊重和追随。只有当爱恨情仇多种情感交织在一起时，关系才能恒久。

只有爱，爱就无法长久。只有爱恨交织，关系才恒久。

为什么我们看到小米的粉丝如此忠诚于小米，当小米品牌受到抨击和质疑时，粉丝就会一拥而上，"自备干粮"去维护小米的口碑？除了雷军给了用户足够的参与感，更重要的是，小米的粉丝需要一个"敌人"。当"敌人"出现时，大家就会空前团结。这时，企业创始人就会成为大家的英雄，带领大家冲锋陷阵。

董宇辉的"丈母娘们"蜂拥而上，为自己的偶像站台、争取，也造就了更加深刻的用户情感，所以平平淡淡中得到稳定，轰轰烈烈中得到深刻。

3.用户爱的不是你，而是想象中的自己

我在你的眼睛里看到了我自己，并不是因为你是英雄，而是因为我
渴望成为英雄。心理学认为，每个人在出生至 6 个月大的时期都处于"全
能自恋"状态，个体对自己的能力和重要性有着过分夸大的感觉，认为
自己拥有超越常人的能力和影响力。即使成人后，我们的身上或多或少
也会有全能自恋的影子。

我们要做的，就是展现我们的英雄主义。所谓英雄主义，就是站
在目标人群的立场上说目标人群想说而不能说的话。

当我们是小孩时特别崇拜英雄，当我们长大后，依然崇拜偶像、
崇拜英雄。这是因为我们在偶像和英雄的身上看到了自己的想象，那
个无数次想成为的自己竟然出现在偶像身上。这一刻，我们会为之疯狂。

用户也一样，当他面对生活的困难，遇到工作上的不顺，精神苦
闷时，突然发现这个产品的创始人说出了自己的心里话，那一刻用户
热泪盈眶。鸿星尔克为什么受到大家的追捧？因为它在为灾区捐赠时
的样子，像极了一个个普通人竭尽全力的样子，那一刻它成为大家的
英雄。

为什么很多品牌在遭遇公关危机时，那些对该品牌口诛笔伐的博
主会受到大家的追捧？因为这些博主说出了用户的心里话，用户看到
了心中的自己。

不管品牌还是企业创始人，在面对用户时，如何平衡与用户之间
的关系，决定了品牌和企业创始人最终的命运。

1.6 关系生态：争取最大的变量——路人

当你准备做新项目时，问问你身边的 10 个人，他们会持怎样的态度？

你一定没有做过这项调查。因为我们天然会觉得，身边的人都会支持我们。当我们把范围扩大到更大的公共空间，当 10 个陌生人听到你的新项目时，他们会持怎样的态度？

调查发现，在大部分组织中，都有 20% 的积极支持者，有 60% 的中立态度者，有 20% 的消极者。在项目组中，20% 的人对项目充满热情，60% 的人对项目既不喜欢也不讨厌，20% 的人反对项目。在战略决策方面，有 20% 的赞同者、60% 的默不作声者和 20% 的反对者。

在关系中，我们将这一现象称为"262 法则"，即每个品牌都会遇到 20% 的忠实粉丝、60% 的"路人"以及 20% 的"黑粉"[①]。

1.团结粉丝，争取路人

很多人都有一个思维误区，那就是遇到黑粉会非常痛苦，或者冲上去非要和黑粉争个谁对谁错。殊不知，这正好中了黑粉的圈套。

在这个世界上，没有一个人是所有人都喜欢的。

一个人得平庸成什么样，才能让所有人都喜欢呢？如果人人都喜

---

① 网络流行语，粉丝类型，他们不是传统意义上的粉丝，而是基于利益对特定明星实施抹黑作业的群体。

欢你，那么说明人人都不喜欢你。我们的基本盘是那 20% 的忠实粉丝，那 60% 的路人则是我们要去争取的最大变量。在这 60% 的路人里，我们只要争取 30%，就获得了组织中一半人的支持，这已经是莫大的成功。所以，你要全力以赴地对那 20% 喜欢你的忠实粉丝好，让他们帮助你去影响那 60% 的路人变得渐渐地喜欢你。

2.品牌的传播者不一定是核心消费者

你的产品很好用，你的个人品牌很有价值，但是你会发现，经常向陌生人介绍你的产品和品牌的，并不全是你的核心消费者。

忠实消费者往往都是一群独享者。沉迷在享用产品和品牌的喜悦中，沉迷在这份独特的拥有感觉中，可能因此忘记或者不愿意与别人分享。有调查者发现，在电商平台上那些默默下单，从来不作评价，也从来不与客服沟通的用户，往往是品牌忠实的消费者。但是那些天天给别人分享产品、品牌的用户，可能从来没有下过单。

我们将那些默默下单的忠实用户，称为"消费粉"，他们是产品、品牌的忠实支持者，但并不是好的传播者。我们将不断分享产品、品牌的用户，称为"传播粉"，他们可能并没有持续消费，但他们乐于在社交媒体分享、给出图文评价和向别人推荐。

女性朋友一定对露露乐蒙（lululemon）这个品牌比较熟悉。作为很长时间里风靡一时的运动服装品牌，它赢得了众多女性用户的青睐。对露露乐蒙来说，消费粉是那些长期且忠诚的用户。他们可能不是积极的线上传播者，但他们可能积极参与露露乐蒙的线下社群活动，如瑜伽课程、跑步俱乐部等，这些活动加深了他们对品牌的归属感。

而那些乐于在社交媒体上分享自己的露露乐蒙产品体验，包括图文评价、使用感受等的用户，尽管可能不是最频繁的购买者，但他们通过社交媒体的分享行为，对品牌的知名度和形象起到了积极的推广作用。

露露乐蒙通过与瑜伽教练、健身教练等领域的关键意见领袖（key opinion leader，KOL）合作，以及培养门店内的关键意见销售（key opinion sales，KOS），激发"传播粉"的分享行为。在社交媒体上，露露乐蒙与"传播粉"互动，鼓励他们分享个人故事和产品体验，从而扩大品牌影响力。

由此可见，在构建品牌关系时，我们要精准地区分消费粉和传播粉，要有策略地去对待他们。传播粉可能是品牌影响力裂变式爆发的关键一环。

在品牌策略制定过程中，我们往往会犯一个错误，即只针对消费者进行有效传播，认为不消费的人都是无效人群。这就大错特错了。智慧的企业家一定会做很多与收入无关的事，因为这些事会直接影响群体触达范围，所以很多时候过于现实就是短视。

3."谁是敌人，谁是朋友"是根本问题

在关系生态中，团结了粉丝、争取了路人、区分了传播粉和消费粉后，我们就要努力理顺与这些群体的关系。这个理顺关系的过程，就是构建关系生态的过程。

每种关系的理顺，都意味着巨大的机会。 与路人关系的理顺，可以为品牌争取更大的变量。2008 年，汶川地震后加多宝宣布捐款 1 亿元。原来对加多宝并不感兴趣的消费者，瞬间变成加多宝的忠实用户。这就是企业创始人通过理顺关系获得路人支持的例子。

该如何理顺与那 20% 的黑粉的关系呢？当然是顺水推舟，让黑粉自己证明我们的产品和品牌有多好。

有支持的人有力量，有对抗者才有出手的机会。

我们提到过，用户爱的其实并不是我们，而是他想象中的自己。当用户的需求出现，我们帮他解决了需求问题和痛点后，他就会和我们站在同一立场上。黑粉就成了他的"敌人"。

当共同的"敌人"出现时，大家是最团结的。

处在同一立场的就是朋友，处在不同立场的就变成了敌人。当敌人攻击品牌时，每个粉丝都是勇敢的战斗者。小米品牌的粉丝就是如此。当有人对产品、品牌"抹黑"时，粉丝冲在了一线。他们努力向别人解释、向别人证明，并努力拉拢别人站在小米这边。

关系被理顺时，品牌会"时来天地皆同力"。

1.7 关系暗能量：善意是这个时代最好的背书

2021 年 7 月 21 日，鸿星尔克宣布通过郑州慈善总会和壹基金向河南灾区捐赠 5000 万元物资。这一举动立刻冲上了热搜。不是因为鸿星尔克捐款捐得太多，而是因为它在捐赠 5000 万元物资时，其 2020 年的利润为负。

这就相当于，一个人自己生活得并不轻松，但是当遇到别人需要帮忙时，他依然毫不犹豫地伸出援手。这样的人表现出的善意，能感动很多人。

鸿星尔克就是因为这样的善意，感动了大量网友，引发了所谓的"野性消费"现象。许多网友涌入鸿星尔克的直播间和线下门店，以购买产品的方式支持这个品牌。在短时间内，鸿星尔克的销售业绩大幅上升，其品牌官方旗舰店淘宝直播间的销售额突破 1.07 亿元，抖音直播间的累计销售额超过 1.3 亿元。

在商业环境中，充满善意的品牌，能够让用户感受到真诚，让社会环境更加平和，让真善美的精神得以弘扬，这也是很好的能量。当品牌不再过度营销，当企业的社会责任感更强时，用户自然会更支持他们。

真诚才是最好的营销方式。

当一些地区遭受自然灾害时，鸿星尔克勇敢地冲了上去。它成为用户心中的英雄，替用户做了用户做不到的事情。用户需要这样一个品牌表达自己的情绪，鸿星尔克恰好成了那个天选之子。

今天，你能对公众抱有多大的善意，公众就会回馈给你多大的善意，所以一家真正爱用户的企业，而不是单纯把爱用户的话挂在墙上的企业，才能获得真正强大的善意的力量。发自肺腑爱用户，已经成为企业家在今天要修炼的能力。

善意不是装出来的，投机取巧地利用善意，反而会被反噬。

在商业领域，善意可以是真诚，可以是热情，可以是所有正向的情绪和能量。当社会需要这种能量时，品牌顺势而为，理顺与社会的关系，自然就能脱颖而出。

第 2 章

重新定义：

关系重塑动机与需求

别人能告诉你的需求大概率是伪需求，只有在关系中解决痛点的需求才能让你发现商业机会。

2.1 需求链=关系链：洞察需求就是洞察关系

关系是满足一切商业需求、时刻变化的状态，可以是人与人之间的联系，也可以是企业与用户之间的联系，还可以是系统与用户之间的联系。人构成了一切关系的总和，我们将种种联系形成的互相影响、相互作用的状态称为关系链。

需求是一种需要被满足的状态，可以是物质的、情感的、功能的等，它往往是在某种关系的基础上产生的。例如，在商业关系中，用户的需求是企业提供产品或服务的依据。在家庭关系中，成员之间的需求（如关爱、支持、照顾）也是基于亲密关系产生的。

需求的内容和形式反映了关系的性质和深度。比如，亲密关系中的情感需求与商业关系中的功能需求是不同的。直播间用户的情感需求与朋友间关系的需求是不同的。

需求是关系的具体呈现。当需求被满足时，会加强和稳定关系。 当企业精准地满足了用户需求时，用户对企业的忠诚度就会提升。当需求得不到满足时，用户自然就会远离企业，从而影响与企业之间的关系。

1.关系的三种形态

关系是动态的，存在以下三种形态。

第一种是正向关系。当需要被满足时，企业与用户之间的关系是正向的，企业会持续关爱用户，尽力满足用户的其他需求。用户对企业也是忠诚的，他可能是企业的忠实粉丝，也可能成为企业的合作伙伴。

第二种是平衡关系。用户的需求在一定程度上被满足，但这种满足不痛不痒，企业与用户之间维系着正常的关系。

第三种是负面关系。用户的需求无法被满足，对企业很失望。

2.抓需求就会止于需求

只盯着用户的显性需求，就会掉进只见树木不见森林的陷阱。当用户说想买钉子时，他很可能是要用钉子实现其他需求，比如要在墙上挂一幅画。

需求是不断变化的，今天和明天的需求可能会有很大的差异。如果企业仅仅抓住当前的需求，可能会忽视未来的发展趋势和潜在需求。停留在当前的需求意味着企业缺乏前瞻性和创新，容易被市场淘汰。

3.抓关系，将衍生和创造更多的需求

通过满足需求建立的关系可能是不牢固的，用户会在更好的需求满足者出现时迅速调转方向。而提供超预期的服务和体验，可以建立更持久、忠诚的用户关系。很多高端品牌通过提供卓越的用户服务和品牌体验，使得用户超越了对单一产品的需求，从而对品牌本身产生了忠诚。

以前企业生产一种产品并将其卖给多位用户，现在一位用户可以消费很多次。一旦用户信任了品牌，品牌卖什么，用户就会买什么。

这也关乎今天大家很在乎的一个词——增长。大多数人认为，流

量增长会带来绝对增长，其实纵观今天大多数企业的情况，存量的复购和转介绍成为最稳定、最便宜、最持续、最自强的增长来源。狠抓关系是王道，将品牌作用于存量，也可以更加有效地促进稳定增长。在商业领域，我们太擅长做舍近求远的事情，扔下老用户，奔赴新用户，成交即绝交，但是当下服务好老用户，与老用户建立深度的情感关系、商业关系、陪伴关系才是稳定的增长基础。

2.2 需求的本质：你以为的"需求"，并不是真正的"需求"

多年前，在一期鲁豫采访宗庆后的节目中，鲁豫对宗庆后说："有款特别好喝的饮料叫蛋酒，是国外的，你可以生产一下。"并且鲁豫一再强调，这款饮料非常好喝，她自己尝过，生产了肯定很好卖。

宗庆后直接反驳了她的建议，他说："那也不一定，你的口味不一定代表全国老百姓啊。"

这其实是大家普遍存在的一个思维误区，那就是自己觉得好的产品，别人一定会很喜欢。我觉得这款产品大家都需要，所以我生产出来了。用自己的喜好和需求，代替用户的喜好和需求，这是企业家的大忌。

在当下的市场环境中，产品趋于饱和。消费者的大多数需求都能找到相应的产品，可以说我们能看到的需求，已经被充分挖掘。我们能看到的市场机会，别人也能看到，当我们一厢情愿地冲上去时，发现这块市场已经站满了企业家，并且很多人已经倒下。

市场饱和了，需求被充分挖掘了，难道我们就没有机会了？

非也。市场一直都在，消费者的需求是无限的。

1.需求的升级

我们都听过马斯洛需求理论，马斯洛将人的需求分为 5 个层级，这 5 个层级呈金字塔形状，如图 2-1 所示。

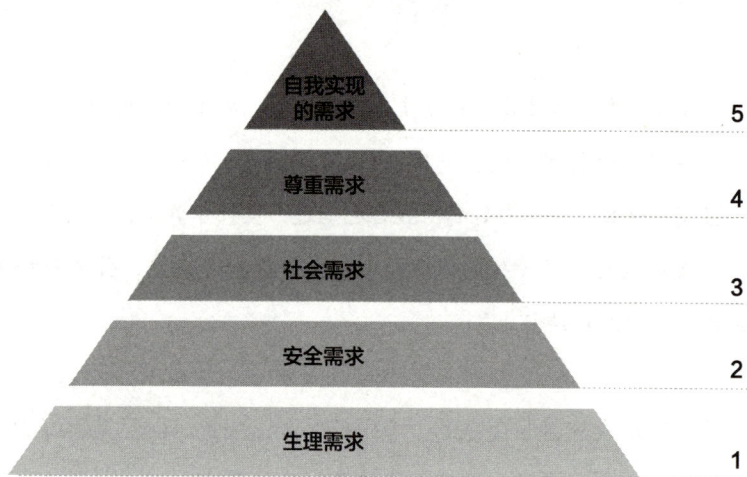

图 2-1　马斯洛需求金字塔（1）

后来经过不断扩充，马斯洛需求金字塔已经升级为 8 个层级，在原来 5 个层级的基础上，增加了认知需求、审美需求、超越需求，如图 2-2 所示。

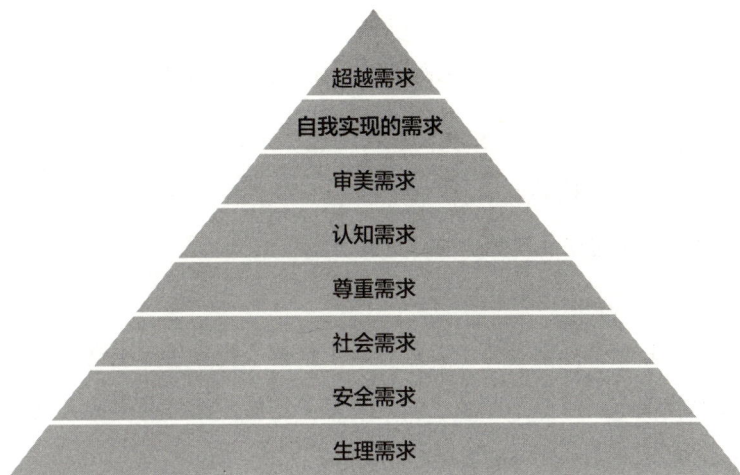

图 2-2　马斯洛需求金字塔（2）

认知需求，涉及知识和理解、好奇心、探索、意义和可预测性需求。审美需求，涉及欣赏和寻找美、平衡、形式等。超越需求，一个人的动机是超越个人自我的价值观。

很明显，当下人们的生理需求、安全需求、社会需求等都得到了极大的满足。人们正在追求更高的需求满足，如尊重需求、认知需求、审美需求等，这些需求的满足自然就成了当下竞争的重点。

几乎每个人心里都有一个共同的需求——向往的自己。

市场已经不可阻挡地发生了变化，消费者的需求已经不可逆转地出现了迭代升级。沉浸在传统竞争赛道上的企业，不可避免地要被淘汰，而懂得品牌、拥有品牌思维的企业和企业家，将会拥有未来。

一个品牌能否让用户在品牌身上看到那个更好的自己、更加向往的自己，直接决定了品牌对用户高维度需求的满足能力，所以企业家倡导的，一定是要带着用户去对的地方，那里装满了他的向往。

2.需求促进商业生态的构建

需求的背后是关系，我们所做的任何一件事、任何一个商业动作和决策都是在建立和改变一种商业关系。

一家智能手机制造商，其最新款手机似乎体现了对先进技术和时尚设计的追求。然而，深层次的关系需求可能涉及消费者的自我表达和社交地位、对创新的追求及定价策略。

• 自我表达和社交地位。消费者购买高端智能手机，可能是因为他们希望通过拥有这款手机展示自己的社会地位和对科技潮流的敏感度。而该款手机品牌形象和营销策略就应该强调这一点，通过广告和品牌故事吸引那些希望与众不同、展示个性的消费者。这是一种互相满足需求的生态构建，我们看到华为和苹果手机正在这样做。

• 对创新的追求。智能手机用户可能对新技术非常感兴趣，他们希望自己是第一批使用新技术的人。而华为能够提供自主研发的最新处理器、相机技术或者其他创新功能，这样用户的需求可以被满足，华为手机的销量也得以大增。

• 定价策略。企业决定采用高端定价策略，不仅是为了追求利润最大化，也是为了维护一种"高端品牌"的形象，吸引那些愿意为高品质和独特性支付溢价的消费者。这种类型的消费者形成了一个消费的圈层，他们反过来会影响产品的创新。

我们的商业已经不再是简单的点对点的交换思维，而是已经进入循环的商业生态关系网络。每一个人、品牌、企业都已成为其中的一环。在这个关系网络中，我们的价值交换不再单纯地为了获取某个物质或者满足某个需求，而是为了获取在社会关系、商业关系网络中的某个生态位。

这个生态位的价值决定了企业和品牌的身价。

2.3 品牌黑客：关键"关系"的解码器

品牌关系是指消费者与某个品牌之间建立的情感和认知联系。这种关系超越了简单的交易关系，不仅涉及消费者对品牌的功能性评价，还包括消费者对品牌的情感认同、价值观契合、信任程度和忠诚度。品牌关系可以增强消费者对品牌的忠诚度，提升品牌的市场竞争力，并且在消费者购买决策过程中扮演重要角色。

1.品牌关系的六大核心元素

品牌关系有六个核心元素，它们是品牌关系形成和维持的关键。

（1）品牌认知。品牌认知是指消费者对企业品牌和企业家品牌的存在、特点、价值和属性的感知和了解。

（2）情感联系。情感联系是指企业品牌和企业家品牌通过话语体系、人格魅力、情感营销策略与消费者建立情感联系，激发消费者对品牌的情感反应，如喜爱、依赖和信任。

（3）价值认同。消费者往往会选择与其个人价值观契合的品牌。品牌应明确其价值观和使命，与目标消费者的价值观产生共鸣。例如小米汽车一上市，就赢得了其忠实粉丝的疯狂抢购。

在这里必须强调一下，企业品牌呈现的是使命和价值观是什么，企业家品牌呈现的则是为什么是这个使命和价值观。今天，对用户而言，"为什么"远远比"是什么"更重要。如果你只告诉用户你的使命和价值观是什么，那么他只是匆匆过脑；如果你告诉用户你为什么选择这个使命和价值观，那么他就会深深走心。

（4）**互动与沟通**。持续的互动能够增强品牌关系。通过社交媒体、活动、广告等渠道，品牌可以不断地与消费者保持联系和沟通，增进彼此间的理解和信任。

企业家要做的是，常常与用户保持沟通，包括使其在社交媒体上看到你更新的日常；在短视频平台上看到你发布的新观点；从著作中了解你发表的新思想；从朋友圈中看到你分享的认识的新朋友和生命感想等，把用户当朋友一样相处，赋予他们应有的知情权和陪伴感，才是真交互。

（5）**体验与满意度**。消费者在使用品牌产品或服务时的满意度直接影响其对品牌的整体认知。优秀的用户体验和售后服务可以显著提升品牌忠诚度。所以即时反馈机制很重要，企业创始人对某个事件的集中回应、客情解决公布等，都是重视用户体验的行为。

（6）**社会影响力**。口碑、用户评价和社会媒体上的讨论对品牌关系也会产生重要影响。正面评价和推荐可以促进品牌关系的正向发展。

我们在本书中探讨的关系，就是让以上关键要素发挥最大价值。无论人格化的品牌，还是品牌的人格化，它们就如黑客一般，都能深刻地影响品牌与消费者之间的关系。在我们看来，这个影响过程就如黑匣子一般神秘。

我们只有利用解码器，快速解读和利用品牌与消费者之间的关键关系，才能以此增强品牌的吸引力、提高市场份额、提升消费者的忠诚度。

做一些与业务无关的事，往往也是增加社会影响力的价值点。

2.品牌关系的价值

结合上面提到的六个核心元素，我们可以从以下六个方面理解品牌关系如黑客般的价值。

（1）深入理解消费者。品牌首先要做的是深入了解目标消费者的需求、欲望、行为和动机。这通常涉及市场研究、数据分析和心理学。

（2）发现关系中的漏洞。品牌寻找现有品牌关系中可能存在的漏洞或弱点，比如消费者不满意的地方、未被满足的需求或者对品牌认知的误解，尤其要多洞察消费者的情感诉求，多了解产品之外的情绪卡点。

（3）创造性地解决问题。一旦发现了问题，品牌就会创造性地思考如何解决这些问题，如何通过改进产品逻辑、情感服务或者营销策略加强品牌与消费者之间的关系。

（4）利用技术工具。品牌会使用各种技术，如社交媒体分析、大数据挖掘和人工智能，更好地理解消费者行为和偏好，以及如何影响这些行为。

（5）建立情感联系。品牌与消费者之间的关系不仅仅是交易性的，更多的是情感上的联系。品牌会通过故事讲述、情感营销和体验设计建立更深层次的情感联系。

（6）持续优化。建立和维护品牌关系是一个持续的过程。品牌会不断地测试、评估和优化其策略，以确保能够持续地吸引并与消费者保持相关性。总之，品牌的进化能力和速度一定要优于和快于用户的进化能力和速度，这样才能彼此持续陪伴。

2.4 关系核心算法：品牌五大关系的暗码

对品牌关系进行解码，能让我们更加清晰地认识需求与关系的相互影响。需求浮现在表层，关系隐藏在背后。理不顺关系，品牌自然无法更好地赢得消费者的支持。

我将品牌关系分为五个维度，这五个维度可以被称为品牌关系的算法。当五大维度的关系全部被理顺时，品牌就会成为时代最耀眼的亮点。

维度一：品牌与国家的关系

在全球化浪潮中，品牌可以在全球开展业务，但大本营始终与国家密不可分。品牌必须处理好与国家的关系，才能从根本上赢得市场。没有人可以靠做空自己的国家而获得成功，也没有品牌可以脱离自己的国家而获得成功。华为在面对贸易战时，誓死抗争，不但扛住了美国的连续打压，更是自主研发芯片，自力更生。任何时候，与国家始终站在同样的立场上，这样的品牌才能得到消费者的认可。

从另一个角度讲，国家关系本身就是趋势关系，今天的创业者一定要知道水大鱼大，一定要清晰读懂国家趋势的倡导和时代趋势的诉求，将自己的企业和理念进行相关性聚拢，并且找到趋势中的生态位，毕竟选对河流比选对船只更重要；要深刻思考，在其中我们的角色是什么，要助力国家趋势完成什么、实现什么、补充什么、推动什么，这也就有了企业在国家层面的存在意义。这个关系一旦建立，你便获得了一双无形的大手在助力你。

不过，也有品牌影响国家形象的例子。

比如，2015年一场前所未有的危机席卷了全球汽车行业，也影响了德国的汽车制造业。大众汽车，这个有着悠久历史和深厚文化底蕴的品牌，被揭露在柴油车排放测试中存在作弊行为。这一震惊全球的"柴油门"丑闻，让大众汽车陷入了前所未有的信任危机，其品牌形象受到了严重的损害。更严重的是，这一事件也对"德国制造"这一享誉全球的国家品牌带来了负面影响，让人们对德国汽车的可靠性和诚信产生了质疑。

面对这场突如其来的风暴，大众汽车采取了一系列紧急措施予以应对。首先，公司公开道歉，承认错误，并承诺采取措施解决问题。随后，大众汽车启动了全球范围内的车辆召回计划，涉及的问题车辆多达数百万辆。此外，大众汽车还投入巨资改进其排放技术，以符合更严格的环保标准。在这一过程中，大众汽车展现了对问题的严肃态度和对消费者的负责精神。

与此同时，德国政府也意识到，此次事件不仅涉及一家企业，更关系到整个国家汽车行业的未来。因此，其迅速加大了对汽车行业的监管力度，制定了一系列更为严格的政策和法规，以确保汽车制造商遵循更高的行业标准，恢复消费者对德国汽车和"德国制造"的信任。这些措施包括对排放测试流程的改革，以及对汽车制造商的监督和检查。

经过一段时间的努力，大众汽车在一定程度上挽回了消费者的信任，其市场份额也逐渐恢复。同时，德国汽车制造业整体上也展现出了强大的恢复力和持续的创新能力，继续在全球汽车市场中占据重要地位。

维度二：品牌与社会的关系

品牌与社会的关系是相互影响的。一方面，社会为品牌提供了稳定、可靠、高效的发展环境，帮助品牌快速发展；另一方面，品牌要时刻关注自己的社会形象和声誉，要乐于承担社会责任，扮演好自己的社会角色。

比如星巴克致力于可持续发展，包括推动公平贸易咖啡、实施环保政策和减少碳足迹。这些行动不仅提升了其品牌形象，也对社会和环境产生了积极影响。在面对社会问题时，星巴克也表现出积极的态度。例如，它在某些时期为急救人员提供免费咖啡，或在灾难发生时捐款支持灾区重建。

在这个关系中，我们要重点关注：社会问题、社会责任、社会角色，企业家的存在解决了什么社会问题，优化了什么、解决了什么；品牌承担了什么样的社会责任，做到了什么、唤醒了什么；品牌成为什么样的社会角色，代表了什么，连接了什么。

每当整个社会遇到大的灾难时，有责任感的企业都会行动起来，捐款捐物，帮助灾区共渡难关。我们讲过的鸿星尔克就是其中典型的例子，当它承担了足够的社会责任时，社会环境也会格外反哺它。

社会责任不在大小，而在于担当感的社会化呈现。

维度三：品牌与行业关系

品牌与行业的关系是指品牌在其所处行业中的地位、作用和影响力。这种关系涉及品牌如何适应行业趋势、如何与其他品牌竞争，以及如何对行业标准和实践产生影响。

比如行业定位，品牌在行业中的定位决定了它的目标市场、产品特性、价格策略和营销手段。例如，苹果公司在智能手机行业中的定位是高端、创新，小米则定位为性价比高的品牌。

比如竞争动态，品牌必须了解和适应行业内的竞争格局。这包括关注竞争对手的活动、价格变化、新产品发布和市场策略，以及如何在竞争中保持差异化。

比如行业标准设定，一些品牌通过其产品、服务或经营模式为整个行业设定了标准。例如，华为的很多标准都已成为行业的标准。国家电网的标准甚至成为世界的标准。

比如行业趋势响应，品牌需要敏锐地捕捉行业趋势并做出响应，无论技术进步、消费者偏好的变化还是宏观经济因素的影响，适应趋势的能力可以决定品牌的成功与否。

比如行业合作与竞争，品牌之间可能既是竞争关系也是合作关系。不同的手机品牌可能使用相同的供应商或技术平台，同时在市场上相互竞争。

比如行业领导力，一些品牌在行业中扮演领导角色，通过创新、市场份额和品牌影响力推动行业的发展方向。这些品牌往往能够对行业规则和未来趋势产生重大影响。

企业家一定要考虑对行业而言，你的角色是什么？是推动者、颠覆者、传承者还是拖后腿者？

维度四：品牌与用户的关系

于用户而言，你是他的朋友还是师者？情侣还是闺密？邻居还是家人？导购还是偶像？这些关系的设定，直接影响用户关系的定义，也决定了信任逻辑的建立。

品牌与用户之间是一种互动和相互影响的关系。这种关系超越了简单的交易，涉及情感、信任、体验和价值观的共享。我们在需求与关系的部分对这种关系进行了挖掘，这里不再赘述。

维度五：品牌与媒体的关系

品牌形象、品牌价值，不是自己说出来的，是消费者亲身体验出来的，是媒体监督和塑造出来的。在传统媒体时代，品牌都会选择在各大媒体的黄金时段投放广告。当产品即将上市时，要邀请媒体开好新品发布会。媒体不但是品牌美誉度的"扩音器"，还是品牌形象的监督者。

今天人手一部手机，每个人都是传播的神经单元，牵一发可能动全身，所以要更加重视四大媒介的匹配，即官方媒体、行业媒体、自媒体、场域媒体（营销场景）的全方位布局。

047 第2章

重新定义：关系重塑动机与需求

处理不好媒体关系，品牌是无法做大做强的，官方媒体决定高维认同，行业媒体决定行业地位，自媒体决定口碑导向，场域媒体决定即时传播效率。

归根结底，处理好这五个维度的核心目的，就是**要尽最大努力，把别人变成自己的相成关系体**。

处理好这五种维度的关系，与国家、社会、行业、媒体的关系建立好了，再重构与用户的关系时，一切都会如鱼得水。国家鼓励、社会认可、行业推举、媒体赞誉，对于这样的品牌，消费者不可能不喜欢。

2.5 超级关系：成就超级品牌的关键

喜欢骑行的人，对哈雷摩托车一定不陌生。

在 20 世纪初的美国，工业革命带来了前所未有的技术进步，人们渴望自由、速度和冒险。威廉·哈雷（William S. Harley）和亚瑟·戴维森（Arthur Davidson）在一间小木棚里开始了他们的创业梦想。

1903 年，威廉和亚瑟在密尔沃基的一间木棚里组装了他们的第一辆摩托车。这个简单的装置改变了他们的人生轨迹，也改变了摩托车的历史。最初，他们的摩托车设计虽然简单，但非常坚固耐用。这种品质为他们赢得了最初的用户群。1905 年，哈雷摩托车在比赛中获胜，这不仅提升了品牌的知名度，也增强了人们对哈雷摩托车性能和耐久度的信心。

两次世界大战期间，哈雷戴维森成为军队的重要供应商，生产了大量的军用摩托车。这不仅让公司在经济上获得了巨大成功，也进一步巩固了哈雷摩托车在美国人心中的地位。

20 世纪五六十年代，哈雷摩托车逐渐成为一种文化符号，象征着反叛、不羁和自由。好莱坞电影如《飞车党》（*The Wild One*）和《逍遥骑士》（*Easy Rider*）巩固了这一形象，使哈雷摩托车成为一代又一代年轻人渴望自由和冒险的象征。

如今，哈雷戴维森不仅仅是一家摩托车制造公司，更是一个社区和一种文化。哈雷车主俱乐部（Harley Owners Group，H.O.G.）在全球拥有数百万会员，他们不定期组织骑行活动、集会和其他各种各样的社交活动，进一步增强了品牌的社区感和用户忠诚度。

哈雷摩托车已经不单纯是摩托车了，它已成为骑行爱好者心中的图腾。如果一个品牌能够在用户心中植入深刻的印象，那么它必然是超级品牌。

建立超级品牌的关键，就是打造属于品牌的超级关系，这种关系的建立有七大抓手。

1.通过品牌的使命与价值观感召用户

品牌使命应具有启发性和感召力，能够触动人心，并引导消费者的行为。哈雷摩托车倡导自由、速度、冒险，这是拉近用户关系的基础。

2.通过独特的品牌故事感染用户

威廉·哈雷和亚瑟·戴维森在一个小木棚里开始了他们的梦想，并且历经两次世界大战，其故事足以吸引更多的人加入其车主俱乐部。

3.通过仪式化的消费体验深入用户

设计独特的消费仪式和体验，如特殊的购买流程、产品使用方式或品牌活动，使消费者在参与过程中感受到与众不同的归属感和认同感。仪式化的体验就是社交中最好的抓手，消费者会拍照、分享、给其他人"种草"①。

4.通过社群文化链接用户

品牌可以通过线上社群、线下聚会等方式，打造一个让品牌粉丝能够交流、分享和相互激励的空间，增强他们的集体认同感和忠诚度。哈雷摩托车的车主俱乐部就是这样一个空间，认知同频、喜好同频，就足以让粉丝获得精神认同。

5.通过培养品牌"传播者"，借力用户

我在之前讲过，品牌的"种草者"，很可能并不是使用者。向别人"种草"，不断地向别人推荐品牌的粉丝，他们是品牌的"传播者"，将成为品牌的自发推广者，帮助品牌传播其信仰和价值观。

6.通过品牌视觉与符号的传播满足用户

哈雷摩托车是自由、不羁精神的象征，这种精神贯穿于每个细节。哈雷摩托车的外观张扬、感性，充满了自由气息，这种具有象征意义的品牌标识、口号和视觉元素，通过重复曝光和一致性应用，自然会加深消费者对品牌的印象和情感联结。

7.通过持续创新与迭代陪伴用户

需求的满足就是关系的重新梳理。在保持品牌核心价值不变的同时，不断创新产品和服务，满足消费者的变化需求，才能维持品牌的活力和吸引力。在摩托车越来越成为小众爱好的今天，哈雷戴维森之

---

① 网络流行语，本义为一种人工养殖草的方式，现指"分享、推荐某一商品的优秀品质，以激发他人购买欲望"的行为。

所以拥有如此强大的号召力，还能成为摩友心中的图腾，与其持续创新和迭代是分不开的。

哈雷戴维森这个品牌，不仅仅是一段商业传奇，更是一段充满激情、挑战和复兴的历史。

对于任何一个品牌的印象，念念不忘，必有回响。之所以有了这么深刻的品牌溢价，是因为哈雷戴维森形成了清晰的品牌人格，不再是营造一辆车的价值，而是营造一群人的价值，形成了巨大的品牌虹吸力。哈雷摩托车用户也成了一类人群符号，他们购买的不仅仅是摩托车，更是一种人群的认同，而支付高额的价格也是他们对身份认同的体现。

当品牌用自由、不羁和对生活的热爱去满足消费者心中的渴望和追求时，它就会成为消费者心中一个不可替代的品牌。当品牌通过多维度的关系满足消费者时，它就成为一种独特的生活方式和文化符号。

深刻地建立一种根深蒂固的关系，成为用户与品牌、用户与用户之间的品牌信仰系统，这一切脱离了人格是无法完成的。

而这才是品牌的终局。

2.6 底层逻辑：关系驱动品牌的核心方法

我总说，品牌要与用户"谈恋爱"，而不是一味的推销。

在物质极为丰富的今天，用户之所以选择你，是因为你在某个点上打动了消费者。这个点绝不只是你的产品好用。

从好用，到想用，再到爱用，这是消费者与品牌关系的递进过程。我将这种关系的成立称为"和用户谈情说爱"，关系递进总结为动手、动脑和动心。

1.动手

顾名思义，消费者拿起了你的产品，尝试并使用了它。这个阶段是品牌与消费者发生关系的初级阶段，也是品牌触达消费者的第一个阶段。如果消费者没有动手，那么关系就没有发生，认知就不可能产生。后面的动脑和动心就无从谈起。

我们也可以将这个阶段称为泛流量阶段，消费者第一次购买或试用产品，会对产品质量、使用体验、售后服务有一个直观的感受。这种对品牌基本的认知、初步的印象非常关键。

如果我们从来没有看过可口可乐的广告，从来没有尝过可口可乐，从来没买过华为手机，我们怎么可能喜欢上它呢。

2.动脑

前面讲过理性脑和感性脑，理性是绝对值，感性才是附加值。消费者使用产品后，再次想用，是要经过理性思考的。比如，通过查阅产品评价、用户"种草"、品牌宣传等方式，详细了解和评估品牌的各种属性，如性价比、质量、性能、创新性等。

经过这个过程，消费者确认了品牌的价值和独特性，在理性层面认同了品牌，这就如同恋爱中的两人因为门当户对正式确立了恋爱关系。

相比动手阶段，动脑阶段的关系会进一步深入。但如果品牌关系仅仅停留在这种关系上，则是远远不够的。很多品牌很好用，消费者也想用，但同质化竞争激烈的今天，品牌的替代品太多了。消费者启用理性脑，注意力就会始终盯着价格、性价比层面。

极致的性价比，只能带来一时的成交，但无法带来消费者的忠诚。一旦有更便宜的产品，消费者自然会用脚投票。

3.动心

极致的性价比背后，是消费者"占便宜"的心理在起作用。消费者并不是真的在乎那几毛钱，而是在乎那种便宜了几毛钱的感觉。占便宜这种心理，才是促动消费者决策的关键。

但仅仅在价格上占便宜，品牌是没有退路的。今日便宜一元，明日便宜三元，然后获得一次流量爆发。环视市场，友商价格战又起。

价格战之下，没有赢者。

不过，总有一些品牌，消费者是冲动消费的。为什么会冲动消费，因为消费者的感性已经超越了理性。

爱一个人，就会爱他所有的优点和缺点。

爱一个人，就会爱他所有的任性和自律。

同样爱一个品牌，就会爱它所有的产品。

这才是品牌关系的高级阶段，爱屋及乌，爱就爱得死去活来。

这个阶段，就是动心。消费者动了心，他已经确认这个品牌是可信的，所以他在消费时，直接跳过了决策这个行为。消费者购买苹果手机时，只考虑型号，不考虑其性能，因为消费者心中默认性能是有保障的。这就极大地缩短了消费决策过程，将下手购买这一行为直接前置。

我将动心这个行为总结为一个公式。

动心 = 包容心 × 恋爱脑 × 闺密情

如何理解？所谓包容心，就是品牌要包容用户的一切。所谓恋爱脑，就是品牌在与用户建立关系的时候要投入、用心、真诚。所谓闺密情，就是如闺密一般懂对方，懂用户的需求，懂用户的一切。

企业家就是那个与用户"谈情说爱"的主角，产品是道具，服务是陪伴，内容是交流，消费是认可。

当品牌能够引发消费者冲动消费时，品牌的超级关系就建立了。

2.7 人格金字塔：品牌裂变的关键

从消费者行为看，动手、动脑、动心，这是递进的消费动作。从品牌关系的角度看，品牌人格会经历四个阶段，分别是关注、喜欢、偏爱、追随，我将其称为人格金字塔（见图 2-3）。

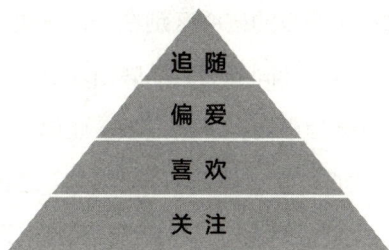

图 2-3　人格金字塔

1.人格金字塔

当品牌人格化后，消费者触摸到的就不再是符号，而是真真切切的内容、情感联结、温度等。

（1）关注。消费者关注品牌，这是泛流量。关注本身并不会促成立马成交，但它同样具有商业价值，它本身就是一种力量。在社交媒体上，我们都以粉丝量衡量账号的权重，其实粉丝量就是关注的力量。一个品牌的粉丝有 10 万，另一个品牌的粉丝有 100 万，这两个品牌（账号）的商业价值相差很多，但是从另一个角度讲，粉丝就是品牌内容触达的人，他们对品牌产生了兴趣。它是一个入口级别的参数，即品牌有机会后续重复触达的人。

（2）**喜欢**。唯有喜欢，才愿意买单。因为专业和情感，用户会喜欢该产品。用户购买产品后，满足了基本的物质需求和精神需求，就算是喜欢。我多次强调：第一，要产品好，这是品牌的标配，只要产品好，专业能力就足以赢得消费者的喜欢；第二，要塑造情感价值，**让用户有买一送一的感觉，买一个产品送一段情感**。

（3）**偏爱**。**如果说喜欢是消费者选择了你，那么偏爱就是消费者又选择了你**。而喜欢和偏爱的核心区别在于，喜欢可以喜欢多个，但偏爱只会偏爱一个。当与你同品类的品牌出现时，**偏爱成为你的优先被选择权**。偏爱足以抵挡市场竞品的进攻，让你拥有一批忠实粉丝。当消费者面对多个选项时，其个人的喜好、经验、品牌形象、情感联结、认知同频、价值观认同等，都决定了他会选择特定的选项，这就是偏爱。**偏爱足以抵抗所有的深思熟虑和纷扰的选择困难，而建立偏爱靠的是价值观的同频并且形成了统一的群体人格**。

（4）**追随**。消费者不再是单纯的消费者，他变成了品牌的忠实拥趸。他不仅是品牌的使用者和传播者，还是品牌的共生体。他的利益会逐渐与品牌趋同，他可能成为品牌的合伙人、投资人、消费共生等。

人格金字塔是品牌做大、裂变的基本方法论。很多企业依旧停留在关注和喜欢阶段。当消费者完成了购买，品牌的使命似乎就完成了。这在过去可能行得通，但现在完全不行了。消费者需要的是更深层次的联结和陪伴，需要的是价值观、利益趋同的同行者。

2.品牌影响决策路径

人格金字塔，是从消费者角度分析其对品牌的接纳程度。如果从（个人）品牌的角度理解消费者的决策过程，我们会得出（个人）品牌影响决策路径，如图 2-4 所示。

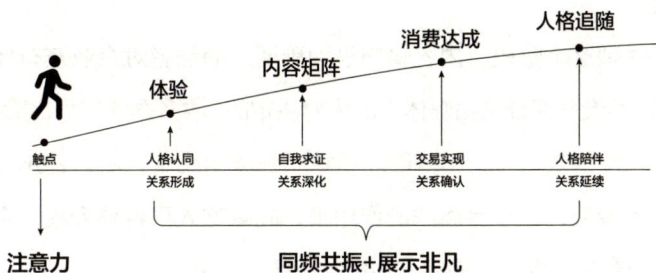

图 2-4　（个人）品牌影响决策路径

从注意力吸引到同频，再到非凡，这个过程和人格金字塔的阶段是契合的。

（1）注意力。对企业家来说，因为某个触点，消费者对其产生了关注。企业家的样子、语言、行为等构成的感官人设，会让消费者产生基本的判断。消费者是喜欢还是讨厌，从这个阶段开始，就已经见分晓。我们为什么会特别强调品牌打造要注意感官人设的构建，就是这个道理，因为在消费者没有感受到品牌的内在魅力时，感官体验就是其决策的必要条件。

（2）同频。在同频阶段，企业家个人品牌主要靠内容吸引和影响消费者。消费者在对企业家产生兴趣后，会主动搜索并探究更多内容，形成自我求证的过程——这些内容有的是企业家个人主动输出的内容，有的是第三方输出的内容。不管是哪方输出的内容，都将会对消费者产生极大的影响。消费者可能会有点赞、评论、转发的行为，会从这些内容中感受到企业家的人格特质、人设形象等，进而会对企业家产生偏爱。

在同频这个阶段，内容输出极为重要。消费者对企业家有什么样的认知，很大一部分是由媒体上的内容决定的。消费者根据自己的喜好，对内容进行自我过滤，同频的人很快就被吸引到了一起。特别是自媒体发达的今天，在平台算法的作用下，同频的人更容易聚集，企业家在输出内容后，内容呈病毒式传播的可能性就更大。

每个人都有两个自我：其中一个是真实的自我；另一个是期许的自我。真实的自我决定了这个人当下的行为模式，而期许的自我决定了这个人未来的行为模式。他决定追随谁，决定成为谁，都是期许自我决定的。

为什么人总在无意识地寻找和自己同频的人，因为每个人都希望和更好的自己成为朋友，他苦苦寻找同频的、更优秀的人，只不过是在寻找期许的自我罢了。人格认同就是基于这样的原理。

（3）非凡。形成人格认同后，消费者对企业家已经产生完全的信任。他会用行动和财富追随与支持企业家。在这个阶段，企业家输出的内容、价值观等都会深刻地影响消费者，并改变他们的思维、行为等。与此同时，如果消费者在企业家身上看到了他想成为的样子，企业家就获得了消费者心中的非凡感，简言之，记住以下三句话：

①他在你身上看到了自己的样子（相似性）

②他在你身上看到了自己想成为的样子（非凡性）

③他在你身上看到了你能帮到他的样子（追随性）

在这个阶段，人格认同就变成人格追随。

做品牌，就是将消费者从一个人变成一群人，再将一群人变成一类人。 沿着（个人）品牌影响决策路径，完成人格金字塔的构建，商业关系就会变得非常稳定，交易摩擦减少，交易链条被缩短，商业因此变得简单而高效。

3.构建共同体

有些人非常纳闷：为什么消费者在选择阶段就抛弃了他（或产品），即使选择了他（或产品），复购率也极低？因为在整个品牌影响决策的路径中，品牌起到了极大的作用。面对各种品牌或产品，消费者要做出选择，必然是基于他的爱好、习惯、认知等，与他同频、领先于他、个性鲜明的品牌会在第一时间吸引他。被吸引后，消费者自然会考量创始人（产品）的规则、承诺、特性等，此后才会与创始人（产品）产生链接。

商业交易的本质是建立并经营关系，创始人（产品）只有基于品牌与消费者构建关系，并长期持续经营关系，才能不断地赢得消费者的信赖，才有可能放大品牌，持续获得长期价值。

商业往往与流量密不可分。流量的背后是什么？是人心。

如果企业创始人和产品没有流量，就意味着别人根本无法看见他，也就谈不上选择。**比起别人不看好你，更可悲的是根本没有人看见你。**

流量首先解决的是有人看见你的问题。有了流量，才有机会构建与消费者之间的商业关系。

　　商业关系被构建后，这种关系存在强弱之分。结合强弱关系，我们根据在人格金字塔中的描述，将消费者划分为流量粉、喜爱粉、偏爱粉、追随粉。不难看出，不同阶段的粉丝对品牌的认知和需求是不一样的。每个阶段，粉丝与创始人个人品牌之间的商业关系也不一样，从关注到偏爱，甚至是追随（共生），粉丝逐渐和创始人成为同一类人。共同体的建立意味着创始人品牌打造初步成功。这时候的品牌，就变成了一种货币，它具有信任属性和价值属性，在创始人和粉丝之间建立了一种共识机制，搭建起了共情的桥梁。

　　如果没有（个人）品牌，那么商业关系就会极为不稳定，交易的摩擦成本很高，信任成本陡增，交易的链条被无限拉长。获得了（个人）品牌，商业共同体就能链接起创始人与超级用户，解决过去单纯产品无法解决的难题。粉丝的心大于流量、自带流量且生成流量，获得粉丝的心，和他们站在一起，让他们看到成为更好的自己的希望，点燃他们生活中快熄灭的火苗，并且告诉他们，我懂你们，这比什么都重要。

第 3 章

品牌天意：

最大化基因的力量

品牌能够击穿人性的底层逻辑，你是谁、你能成为谁，首先要看你的基因，看天意给你的是什么。理顺品牌与这个世界的关系、品牌与他人的关系的过程，就是基因定位的过程，是品牌塑造的基础。

3.1 从天意到定义：激活品牌的基因

我们常说，有人天生就是做这件事的。

为什么会这么说？难道命运天注定？当然，我们并不是从玄学的角度看这件事，而是从生物学的角度看，生物的基因在某些程度上决定了其发展轨迹、天赋等。

让花成为花，让树成为树，就是充分尊重基因的差异性。世间万物，各有各的道，世界上没有完全相同的两片叶子，也没有完全相同的两个品牌。马斯克像疯子一样成就特斯拉，是因为他的基因里就带着些许疯狂，企业创始人的基因又决定了品牌的基因。

没有一样东西是无缘由的，没有品牌是无基因的，我们首先要做的就是尊重基因。

1.基因就是天意

我认为的天意，即基因指定你来做某些事，或者说你天生就是做这件事的，是这个世界上唯一且无可替代的个体。

我不断强调，不管是创立品牌，还是打造个人品牌，企业**创始人一定要尊重自己的基因，尊重天意。万物皆有理，顺之则易，逆之则难。**

这里的基因既指生物遗传的基因，又指后天环境造就的人格基因。生物遗传的基因是每个人无法改变的，同时也是每个人最大的财富。因为这个基因让我们成为独一无二的存在，任何人都替代不了。有人天生具有运动天赋，有人天生机敏聪慧，有人天生逻辑能力超群，这是基因赐予的财富，使用好了，就是人生最大的杠杆。

后天环境造就的人格基因则因环境的不同而不同。有人热情奔放，有人脾气暴躁，有人沉稳大方，也有人小肚鸡肠，这都是后天环境造就的。心理学家荣格说，**一个人毕其一生的努力，就是在整合他自童年时代起就已形成的性格**。这就是在强调后天人格基因的价值。每个人的行为方式、性格特点等都受后天人格的影响，这是隐含在人性背后的逻辑。

生物基因和后天人格基因构成了我们人生的底色，也决定了我们做人做事的基本范式。那么，什么才是创始人生命中最有价值的品牌元素？首先要从基因定位做起。

后天人格基因的影响要素有很多，我们将其分为外在和内在两个部分。外在部分要素有习惯、所处的地方、外形等，内在部分要素有原生家庭、教育背景、地域环境、人生经历、关键的人和事、成长的节点、人际关系的变化、遇到的困难和挫折、人生的高光时刻、心态等。

由外在和内在构成的后天人格基因，对我们的影响至关重要。所以我们一定要分析清楚这些基因的优缺点，以及这些基因如何影响我们的行为。

接下来需要做的，就是顺其自然，在自己的基因之上搭建起个人品牌的高楼大厦。有了基因的支撑，有了极度清晰的认知和方向，一切都会变得顺理成章、水到渠成。

很多创始人苦恼找不准个人品牌的定位，本质上还是因为他们没有从根本上分析自己的基因，不懂得顺其自然。不能在自己独有的基因之上构建个人品牌，个人品牌就如无源之水，无本之木，无法长久。

你的基因和使命，别人学不会。每个人生来都是带着使命的，使命不同，命运不同。**当我们找不到自己的使命时，我们就会感到迷茫。当我们发现自己与众不同时，就是开悟的时刻。**

只要发现自己的与众不同，就能证明自己的不可替代。

我们熟悉的企业家雷军，就是一个非常明显的例子。他顺从了自己的基因优势，找到了自己的使命所在。他擅长营销，擅长做产品，擅长把供应链做到极致，懂用户，所以打造出了小米品牌。

海底捞的服务是商业标杆，也是海底捞的成功法则。哪怕海底捞公开了具体做法，大多数企业也根本无法实现，这就是本体的差异化优势，这种优势来自基因。

胖东来将人文感做到了极致，各路企业家蜂拥而至，哪怕于东来公开其全部商业密码，供学其精髓，但对大多数人而言也无济于事。

自古至今，**学我者生，像我者死。**学其精髓，选择适合的运用到自体中是智慧，而非一味地模仿抄袭，毕竟通往成功的大道前面存在一条人人不同的基因鸿沟。

也有很多人去模仿、去追随，但只能说是差强人意。大家基因不同，特征不同，使命不同，无法学习复制。都说成功可以复制，但这要看可复制的是什么，其实成功的路径是完全无法复制的。

2.模仿与超越

我们说无法复制，并不是说不能模仿。

很多人做品牌，一开始先模仿，这没问题。人类的发展历程，就是在前人的基础上不断前进，这离不开模仿，核心在于择其适合处模仿。如果只停留在模仿阶段，人类现在还处于使用石器时代。模仿基础上的创新和超越是进步的必经之路。

品牌亦是如此，先模仿，后成为，再超越，这才是一个完整的过程。模仿是为了学习别人的经验，当掌握了经验后，必然要在创始人的基因之上，做出独特性。

（1）关联定位。何谓关联定位？关联定位，即确定你与对标体之间的关联强度，找准对标体。这种关联性是本质的、深层次的联系，而不是照猫画虎的表象。例如，小米手机创始人雷军在进行关联定位时，就对标了乔布斯，并把自己的个人品牌与乔布斯的个人品牌做了关联，从而获得了"雷布斯"的称号。雷军在关联乔布斯时，不仅在衣着打扮上模仿乔布斯，更是时常语出惊人，引领行业的风向。

关联定位本质上是为了降低向受众解释的成本，只要大家看到你就能想到行业头部品牌，那么你的关联就是成功的。关联定位可以借用的载体有很多，如照片、场域、声音、标志性动作等。如果你开设的线下店装修和某奢侈品店的装修很像，那么消费者进入其中就会不自觉地将你的产品与某奢侈品进行关联。

对于关联定位的核心，我总结为以下四个。

一是要关联超凡能力。做关联就要做到极致，在本质和精神层面做到强关联。如果你自比诸葛亮，那么你必须足智多谋，让人能看到诸葛亮的影子，这是你的核心竞争力。

二是要关联自己生死的命门。所谓命门，就是你身上独一无二的特质，它大概率来自缺点，离开这个特质，你将不再是你。每位英雄都有自己的命门，命门本身是不存在好坏之分的，只要换个角度，优缺点是可以互换的。例如，玻璃大王曹德旺极鲜明的特点就是心直口快、爱说真话，他在《心若菩提》一书中提到，因为这个特点，他获得了很多的支持，但也因这个特点而吃过亏。人只有知道自己在什么地方存在不足，才会知道自己在什么地方闪耀。命门是品牌定位的一把神秘钥匙。

三是要关联自己的伟大使命。使命是推动一个人持续努力、克服艰难险阻的强大推动力。我的使命是让人人都打造出属于自己的个人品牌，正是有了这样的使命，我的行动才有了目标和动力。

四是关联对手。在体育比赛中，对手越强大，运动员发挥得就越好。从某种意义上讲，正是对手不断地打击你，才成就了今天的你。你的个人品牌关联对手，你就知道你强在哪里，弱在哪里，同时关联的对手是谁也决定了用户觉得你是什么段位的企业，就像瑞幸咖啡从诞生那刻开始，便从价格、品质、规模预期、目标等方面对标星巴克，从而让大家觉得，这家企业就是与星巴克一样的段位标准。如果你眼里看到的是海洋，你起码是条大河；如果你眼里看到的是小河，你最多就是条溪流。

对于关联定位，企业大概率会从行业定位入手。定行业时，应遵循"先大后小再大"的原则。先大就是先锁定行业，做餐饮的就锁定餐饮行业，做家居的就锁定家居行业。后小就是进行行业细分，并列出细分领域的显性头部品牌。在品类细分越来越极致的今天，品类的价值逐渐淡去，细分的价值不断凸显。

例如餐饮行业涉及的范围太大了，我们可以细分到只做火锅，而火锅领域内同样有细分，如毛肚火锅、鱼火锅、潮汕牛肉火锅、港式火锅等。每个细分领域内都有其显性的头部品牌，如毛肚火锅的头部品牌是巴奴毛肚火锅。

列出显性头部品牌后，我们还要"再大"，即把头部品牌的视野扩大到国内和国外，从更大的视野去寻找真正值得对标的头部品牌。找到国外的头部品牌，我们要做的是先甄别这个头部品牌是真头部还是假头部，确定了对标体后，就确定了自己个人品牌的关联目标。

同样地，找到国内的头部品牌，也要先甄别真假，确定目标后，就要与其做竞争区分的分析。模仿别人的目标是为了超越他，而不是成为另一个他，所以必须做好竞争区分。

（2）用户定位。用户是谁决定着企业品牌和个人品牌未来的变现模式，这也是企业品牌和个人品牌打造的核心目的，所以一定要精准定位自己的目标用户。用户分很多种，如企业、个人、政府、投资人等。每一类用户都有其特点和价值导向，个人品牌的调性必须与其相符。如果个人品牌面对的是企业用户，那么在品牌构建的过程中就必须彰显专业、理智、信守承诺、守时等特点。进行用户定位时，如果能清楚地问自己以下五个问题，定位就会容易很多。

①目标用户是什么社会背景？

②目标用户要达成什么需求？

③目标用户拥有什么条件？

④目标用户身处什么样的环境？

⑤目标用户期待什么样的社交尊重？

这五个问题是进行用户画像的核心问题，如果不能清晰地回答这些问题，定位就可能出现偏差。

（3）**卖点定位**。看到这个定位，很多人的第一反应是，我的卖点就是我的产品。我在这里要纠正大家一个认知：产品不是卖点，而是标配，如果连产品都不好，那么根本没有资格"上牌桌"。

对于卖点，我们可以从以下五个角度去思考。

①我比别人做得好的地方是什么？

②我的圈子优势是什么？

③我的人品优势是什么？

④我的斜杠属性[①]是什么？（我具有哪些副业能力、哪些除专业之外的其他能力）

⑤我的身份和媒体背书优势有哪些？

由以上内容可以看出，这些卖点都是你区别于他人的差异化优势，这些优势经过提炼和萃取，就能变成你最耀眼的卖点。同样是厨师，如果你是最会说相声的厨师，那么你的个人品牌属性就会非常强。同样是医生，有人擅长玩抖音，那么他就可以成为网红医生，获得大家的关注；有人是酷爱且深耕物理学的企业家，那么大家往往会默认他是很有底层逻辑的老板；有人是极其了解历史的企业家，那么大家往往会觉得他做的品牌应该是一个拥有深厚文化底蕴的品牌。专业能力是基础，而卖点成为差异化竞争力。要知道，**差异化竞争力并不是为了竞争，而是能巧妙地避开竞争。**

---

① 通常是指在自我介绍或名片上使用斜杠（/）来表示不同的副业能力。

（4）对手定位。做个人品牌与做人、做企业、造英雄有着相同的逻辑，那就是必须有对手。没有对手的独角戏是寂寞的，没有对手的个人品牌是自娱自乐。定好了关联、用户、卖点，接下来就要列举这些对标体的品牌差异化特点，列举其各自的优势与劣势，然后才能精准制定自己的个人品牌策略。

比如你找出的对标体是孙悟空，你就需要研究孙悟空的差异化特点及其优劣势。孙悟空是猴子，是唐僧的徒弟，它神通广大、智勇双全，富有正义感、有火眼金睛，但孙悟空急躁、不善解释、有时候冲动等。了解了其差异化特点及优劣势后，你就要根据自己的个人品牌基因制定相应的策略。你要将自己的人格与孙悟空做区分，突出你的差异化优势，如你比孙悟空更会沟通，能更好地处理人际关系。

（5）专业能力定位。专业能力是你最擅长并赖以为生的能力，它是你个人品牌的专业基础，也是企业品牌的专业标签。比如，马化腾是产品专家，所以腾讯就是一家产品型企业；雷军是产品和用户专家，所以小米就是一家产品和用户型企业；李彦宏是技术专家，所以百度就是一家技术型企业。你能为用户提供什么，能满足什么样的需求，能让用户变得怎样，这是你的企业品牌和个人品牌未来交付、形成专业认同时必须具备的。

如果把市场比作茫茫的平原，那么品牌就是让人瞩目的山头。创始人要做的，就是在茫茫平原上，垒个山头，占山为王，用自己的使命满足追随者的需求。

3.2 真相相对论：品牌基因优化师

每到端午节，互联网上就会掀起一场粽子的"甜咸之争"。粽子到底应该是甜的还是咸的，这本身是见仁见智的问题。物质如此丰富的今天，我为什么就不能爱吃辣的粽子呢？当然可以。但大家的"甜咸之争"本质上是对共识的争论，北方人普遍形成的共识是粽子是甜的，南方人普遍形成的共识则是粽子是咸的，地域不同，共识不同。

粽子到底应该是什么味道的？这个问题有真相吗？

似乎是没有，不同人的口味不同，真相就不同。同样的一件事，你认为是坏事，有一部分人却认为是好事。到底你看到的是真相，还是别人看到的是真相？

我们也没有答案。因为这个世界上，真相往往是相对而言的。
只有相对的共识，没有绝对的真相。

1.共识与文化母体

什么是共识？简单来说，共识就是你相信，我相信，他也相信，那么我们就会把一件事当作事实，很多时候会忽略这件事的真假。

说得复杂一些，共识就是基于规则而达成的共同认识，这个共同认识可以是理想，可以是价值观，也可以是某件事，更可以是某个符号。

中华民族的神话故事中有很多人物，如黄帝、女娲、夸父，这些神话人物，我们都没有见过，但他们却刻在了我们的基因里。听到这几个名字，我们的脑海里就会浮现他们的形象，因为他们构成了我们的信仰和文化底层。地球上任何一个民族的神话故事，其核心意义就在于传承信仰、达成共识。文化如此，宗教如此，商业亦如此。

共识不是某个人单方面确定的，而是基于人类文化的母体形成的一套规则，进而形成共识。正如我们都是炎黄子孙，深受儒释道文化的影响，这就是文化母体。在这个文化母体之上，尊老爱幼、自强不息等共识自然就得以建立。所谓文化母体，就是人类一直传承和延续的，有约定俗成的时间、仪式、道具，刻在我们的潜意识中，能够生发出无数新鲜内容，并且满足人性需求的最本质的东西。

比如春节文化，从腊月到正月，各种仪式、表演、庆贺道具等，都是我们文化母体的一部分。此外，提到春节，每个中国人都会联想到家、对联、团聚等文化要素。

生活在城市里的人，不管老人还是小孩，都知道公交车到站点才会停，因为这是一套城市交通规则。基于规则，大家自然达成了共识——坐公交车只能在站点上下。

共识很常见，但非常重要，它是商业的底层逻辑。

2.塑造共识，编辑品牌形象

我们首先要达成一个共识：这个世上没有绝对的真相，只有被定义的真相。巴菲特真的是股神吗？还是说他是被大家定义为股神的？股神这个概念，并不是专为巴菲特创造的，所以他只是被定义的。

在个人品牌课程中，我主张个人品牌要有"三定"，即定义使命、定义过往、定义概念。

　　所谓定义使命，就是从个人基因的角度出发，明确自己的使命，这个使命是从个人的基因之上生发出来的，而不是借鉴别人的。当我们定义了自己的使命后，就定义了自己的行为方式、人生轨迹。比如，我要成为全中国最好的个人品牌咨询顾问，我就给自己定义了使命，我的所有行为都会以此为目标，每家企业都要有自己的使命。简单来讲，使命就是你要"师出有名"，你为什么而奋斗，为什么而战，为什么而出发。这就好比你的一面大旗，引领大军去向何处，需要有清晰的方向。使命的建立，就是为了更好地让团队、合作伙伴、用户等，知道我们要去向何处。

　　于使命而言，我们必须知道，比起你的使命是什么，更重要的是你为什么肩负这项使命。使命不仅仅是那一句话，而是那一句话背后的动机。为什么是这项使命，就是你的动机，它蕴含了某个故事、某种情结、某段经历、某次震撼人心的体验、某次至今难忘的经历等，而这些内容往往是让用户走心的关键。

　　武王伐纣，在那个时代是以臣伐君，难以找到同行者，大家也不愿意背上谋逆的骂名。武王深知，仅凭口号并不能真正改变人心，更无法直接推翻暴虐的纣王。于是，他着手整顿内政，以仁义之师自居，倡导以德治国，深得民心。他选拔贤能之士，任用有德有才之人，使得朝廷上下焕然一新。

　　在战前准备阶段，武王广泛结交各国诸侯，争取他们的支持和帮助。他深知，要想取得最终的胜利，必须联合更多的力量。通过一系列的外交手段，武王成功地说服了多个诸侯国，使他们成为自己的盟友。

但这些还不够，中国人做事，历来讲究师出有名。特别是以臣伐君，必须有足够的说法。武王提出"天下者，非一人之天下，乃天下人之天下也"，一下子就为伐纣赋予了正义，解决了师出有名的难题。整个伐纣的队伍，就有了使命，有了奋斗的目标。

所谓定义过往，就是给自己的过往下定义。在传播学上，有一个规律，当你定义了某件事时，大家就会把它当作事实。否则，别人就会去定义它。你的过往，你是愿意自己定义，还是被别人定义呢？过往，即你的人生经历、遇到的人、遇到的事，经历过的难忘时刻、高光时刻、悲剧时刻等，把你的经历进行挖掘和整理，通过有效的形式传播给用户，可以扩大用户对你的立体认知，看到逆境视角的你、顺境视角的你、生活视角的你、情感视角的你等。这样可以使用户多维度地了解你，大大打开了你对用户的公开象限，由此可以与用户建立更深的情感关系。

比如，每个人都会有自己最好的朋友，如兄弟或闺密，那么我们为什么会和这些人的关系这么好呢？因为你们彼此之间不仅知道对方的优点，还知道对方的缺点；不仅知道对方发光的时刻，还知道对方出丑的时刻，换言之，彼此交换的秘密越多，情感就会越深刻。于用户而言，道理是一样的，用户知道你的秘密越多，越会自然而然地感觉和你更加亲密，这就构建了一种优势关系。

所谓定义概念，是自己给出解释，自己掌控话语权和解释权。定义概念的权利，**本质上就是话语权**。世界上，每时每刻都有人在争夺定义权。给某样东西、某件事下定义，就意味着掌握了其解释权。作为领袖型品牌和企业家品牌，定义概念、实现概念、传播概念，成为引领人心的利器。

品牌失去了定义权，就失去了传播权。不能传播的品牌，毫无价值！

3.天意是基础，算法才是优势

品牌的基因使其成为区别于其他品牌的特殊存在，这能帮助品牌占据某个高地，占山为王。不过，仅有天意是远远不够的。品牌需要与消费者达成共识，塑造相对的真相，不断影响消费者。

我将这个过程称为算法。**给品牌下定义是算法，给品牌赋予内容是算法，通过内容去传播和影响消费者也是算法。品牌发展的过程，很大部分都是优化算法的过程。**

当算法被优化，共识达成，品牌就能从影响一个人发展到影响一群人，进而影响一类人。

3.3 传播杠杆：影响力放大的秘密

每个时代，只有掌握话语权，才能掌握主动权和思想权，这是文化软实力的一部分。

从国家层面讲，话语权和传播力是国家软实力的重要组成部分。对关键问题的解释和传播，决定了国家在国际上的影响力和发展前景。

从商业层面看，话语权和传播力是企业软实力的关键部分。例如，华为在通信领域具有很大的话语权，其对某项通信技术的解释，基本上就是行业的权威解释。又如，星巴克对咖啡等级认定的解释，很大程度上影响着整个咖啡行业。

传播即权力，优秀的企业家也是优秀的传播者。

1.传播平权

在传统媒体环境中，中心化的媒体掌控着巨大的话语权，决定着传播力的大小。但在新媒体、自媒体等自传播渠道普及化的当下，传播的主体和形式发生了巨大变化，传播的权力被分享了。**每个人都可以是超级个体，都可以是传播的主体和中心，都可以展现自己的专业能力和思想观点。**自传播渠道对传统媒介产生了祛魅效果，在某种程度上，个体拥有了与传统媒介平等的传播权力和能力，我们称这种现象为传播平权。

传播平权并非传播的均等化，专家、行业领袖、明星企业家等拥有的传播力显然比普通人更强，但只要个体按照一定的策略和方法全力输出内容，就有可能获得和这些专家、行业领袖、明星企业家差不多的影响力。这才是传播平权最大的意义。例如，微信公众号中的部分号主拥有上百万甚至上千万的粉丝，单篇内容的影响力等于或者超过一些中等媒介机构的影响力。又如，抖音平台上拥有几百万、几千万粉丝的网红在影响力和带货实力上超过了一些媒介机构，各个平台的头部超级网红和头部品牌的盈利实力堪比一些上市企业。

硬币都有两面，任何事情都是双刃剑。传播平权给了普通人出名、扩大影响力的机会，但如果使用不当，这种权力又会反噬个体。这些年很多知名的企业家、权威人士、明星等，都倒在了自媒体的传播路上，可谓一着不慎，满盘皆输。

过去，我们不敢想象，发一个几百字的微博、几十秒的短视频，就能在全国范围内产生影响力，并让某个明星、专家的社会地位从此崩塌。消费者在自媒体平台上的评价、投诉意见等，能极大地影响企业创始人、产品的口碑，并推动企业改进产品，这在传统市场环境中极为少见，但今天已经常态化。

正因为传播权力人人可分享，所以打造品牌时，创业创始人可以借助公共媒体和自媒体发声、传播内容，从而获得流量、扩大个人影响力。同时这也构成了最大的挑战，如果企业创始人不够真诚，传播虚假内容、歪曲的价值观，或者构建了与实际不符的人设，一旦有风吹草动，品牌就可能在瞬间崩塌，并形成巨大的反噬效果。这时，企业创始人所有传播过的内容，就不再是构建品牌的一砖一瓦，而是变成了刺向品牌的利剑。

如果企业创始人不够真诚，不尊重传播规律，缺失价值观，对话语权失去敬畏，传播平权就会对他构成巨大的威胁。品牌同样如此。

2.发声：可以不是大V[①]，但不能没有痕迹

这个世界听不到你的声音，对这个世界来说，你就不存在。

商业环境里听不到企业创始人的声音，对市场来说，企业创始人就不存在。没有存在感的人或产品，下场是悲惨的。

市场就是这么残酷。

总有朋友问我，我就想安安静静地做产品，不想站在公众面前，为什么这么难？

我告诉朋友，站上市场的赛场，从来没有安安静静一说。话语权和传播的高地，你不去占领，别人就会占领。我们是企业创始人，我们就必须拿到这个时代的话语权。

任正非作为华为的创始人，足够低调。但是当华为遇到问题时，任正非能立即站出来，接受媒体采访、参与对话，为华为争取足够的话语权。即使在日常工作中，任正非也经常通过讲话、发内部信等方式，统一华为员工的思想、传播华为的管理理念等。

马化腾一直说自己是技术出身，不擅长在公开场合讲话，但重要的行业论坛、行业大会等，他从来没有缺席。他的管理理念、行业发展预判等，也经常被发布在媒体上。

---

① 在新浪、腾讯、网易等微博平台上获得实名认证，拥有众多粉丝的微博用户。

即使是一些小企业的创始人，做得好的，也往往是那些经常发表言论、传播内容的企业，低调、不发声的企业最后都悄悄消失了。

在商业领域，话语权和传播力就是生命力。

从另外的角度看，小企业总有做大的一天，创始人成长为大企业家，却从来没有传播过内容，这是完全不可能的。在企业成长的过程中，需要事件的引爆、流量的加持、内容的沉淀，这些都考验日积月累的功力，并非一日之功。

企业创始人不发声、在传播渠道上不留痕迹，就相当于一个透明的创始人，市场不需要这样的创始人。

3.预防：引导方向，而不是急着"拔网线"

有些企业家的个人品牌或产品一旦出现负面口碑，他们要么像鸵鸟一样，把头埋在沙子里，装作什么也没有发生，要么火急火燎地找人删帖，以为找到那个发现问题的人，让他闭嘴（俗称"拔网线"），以为一切就都过去了。殊不知，这是最愚蠢的方法。

找人删帖是违法行为，删帖也是得不偿失的。删帖产生的负面效应会激起消费者更大的负面情绪。很可能负面口碑本身问题并不大，只要解决质量问题，消费者有可能原谅品牌。一旦删帖，就会出现"此地无银三百两"的效果，消费者反而会觉得品牌有很大的问题。

我们之所以要做创始人品牌、要做产品品牌，核心的目的就是传播信息，与消费者良好沟通，保持密切的关系，从而管理消费者的预期，让他们成为创始人品牌和产品品牌的粉丝、朋友、合伙人等。

这一系列行为都是未雨绸缪，都是在让消费者正面、积极地对待产品，即使他们有些许不满意，也能积极沟通解决。提前铺设内容，引导消费者往正面的方向思考，这本身就是一种预防，预防消费者的认知"误入歧途"。

在创始人内容输出的过程中，肯定有一些受众暂时不能理解的内容，有一些让受众产生误解的内容，这时预防就显得极为重要。为什么说内容输出是一件长期主义的事情？草蛇灰线、伏脉千里，提前做好预防，一旦出现品牌危机，我们就有足够的铺垫和解释的由头，而不是等出现了问题，临时抱佛脚，最后适得其反。

4.杠杆：做事、做实、做势

除了要懂得传播的底层逻辑，品牌也要懂得传播的策略与方法。我将其总结为六个字，即做事、做实、做势。

（1）做事。品牌不但要在自己的专业领域内不断输出专业内容，还要在价值观、文化等方面不断输出。这种输出是长期的、持续的、不断创新的。从表面看，可口可乐是一家饮料企业，但其本质上是一家传媒企业。从诞生至今，可口可乐的饮料配方几乎没有什么变化，但它却赢得了一代代年轻人的喜爱。

为什么？因为它始终输出年轻人喜欢的内容，不管是自由不羁，还是激情飞扬，可口可乐传递给每一代年轻人的印象都是青春、好喝。

这就是持续做事，没有实实在在地做事，品牌的影响力就无从谈起。

（2）做实。所谓做实，就是将传播输出的内容真正植入消费者的心中，与消费者达成共识。当人人都认同品牌价值、文化时，品牌就获得了被偏爱的权力。

（3）**做势**。现象级事件的传播，都离不开势。所谓"时来天地皆同力"，顺应大势时，品牌的传播力可谓"大鹏一日同风起"。当国家需要正能量的典型时，华为正好站在了与美国抗争的位置上，所有的目光和支持就投向了华为。当社会需要正能量的典型时，鸿星尔克站了出来，消费者的一腔激情就投向了鸿星尔克。

在顺应大势的同时，让品牌内容成为现象，再加上某个绝佳的契机，品牌传播的杠杆就此成型。

3.4 雷军是如何使用个人影响力杠杆的

作为小米公司的创始人，雷军以其极具感染力的演讲风格在科技圈中赢得了广泛的影响力。他的多次演讲不仅揭示了小米公司的发展战略，还反映了他个人的创业理念和商业哲学。

2020 年，小米公司成立 10 周年，雷军举办了第一次年度演讲，也是从这一年开始，雷军把年度演讲坚持了下来，每年做一次。到 2024 年 8 月，雷军已经连续办了 5 次年度演讲。

我们梳理一下这 5 次演讲，如表 3-1 所示。

表 3-1　雷军 2020—2024 年年度演讲

时间	演讲主题	内容概况	备注
2020 年 8 月 11 日	相信自己，一往无前	分享小米成长经历，以梦想为关键词，用互联网思维做手机，强调创新和质量同等重要，回顾高光时刻，宣布未来发展战略	将个人品牌与小米品牌结合起来，开始双轮驱动
2021 年 8 月 10 日	我的梦想，我的选择	在发布多款小米产品的同时，讲述小米和个人的故事，通过股市风云、高端之路、飞来横祸、情义无价、一路同行等关键词，强化小米的品牌形象	以雷军个人的品牌形象去衬托和带动小米品牌，个人品牌驱动企业品牌

时间	演讲主题	内容概况	备注
2022 年 8 月 11 日	挫折的馈赠	永远相信美好的事情即将发生，多次讲述自己人生中的挫折经历和迷茫，分享了如何穿越人生低谷的感悟	讲述雷军个人故事，强化个人品牌，将雷军的人格潜移默化迁移到小米品牌之上，以个人品牌驱动小米品牌
2023 年 8 月 14 日	成长	雷军分享了其过去 30 余年间经历的数次关键性成长历程与深刻感悟。他正式宣告了小米科技的重大战略升级，即致力于深耕底层技术，实施长期且持续的投入策略，推动软硬件的深度融合，并全面运用 AI 技术以实现赋能。同时，雷军也讲述了小米的科技理念，即坚定地选择那些对人类文明具有长远价值的技术领域作为发展方向，并承诺将坚持长期、持续的资金投入	在讲述个人成长历程与小米成长经历的过程中，发布小米的产品和战略
2024 年 7 月 19 日	勇气	重点分享了小米造车三年的经历，通过破釜沉舟、直面挑战、躬身入局、横空出世、勇气与信念等关键词，讲述了小米造车过程中的故事、心理变化、精神坚持等	以小米造车为切入点，讲述雷军在这个过程中的挑战、人格坚持，也融入了小米的发展战略，个人品牌和企业品牌双轮驱动

从雷军每年的演讲看，他的演讲有以下四个特点。

①主题很明确。雷军每年的演讲都有一个中心主题，非常方便传播和记忆，也最能突出雷军个人的人格魅力。当然，最重要的是每一个主题都符合时代的情绪和小米的阶段性目标，而雷军的个人角色也

成了时代中的一个代表，由单体人格成为群体人格，把一大波人群带入叙事结构，使其成为内容的参与者。

②个人品牌与企业品牌相结合。雷军的演讲不仅讲述了公司的成长历程，也体现了个人在创业过程中的学习和成长之路。每一个具有时代代表性的观点和体会都是与用户共情的内核，每一个观看者都是参与者。如果说商业的本质是价值的交换，那么商业的底层就是关系的形成，通过企业的代表人格，即创始人，把受众拉入叙事结构，成为故事的角色之一，你中有我，我中有你。而企业品牌和企业家品牌互相驱动，形成 1+1 ＞ 2 的效果。

③表达形式生动有趣，通俗易懂。雷军的演讲风格比较直接和坦诚，他不断用生动的例子和吸引人的故事阐述观点，让人印象深刻。如果说企业品牌是着装高级的大家闺秀，那么企业家品牌就是朴素真诚的邻家小妹，从目的性极强的产品推介，延伸出润物细无声的人格植入，让企业越来越像一个人，真正地建立与用户之间的关系。

④影响力深远。雷军的年度演讲也是小米公司的产品发布会，演讲内容对听众和业界都会产生深远的影响，对于其他人不单是情绪的纾解，更输出了观点，强化了公众对小米和雷军的认知。在今天的商业市场上，太多人急于告诉别人我做了什么，却鲜有人告诉别人我为什么要做。走脑走习惯了，却忘了怎么走心，所以回归心与心的对话，是时代的正解。

作为极具影响力的企业家，雷军在个人品牌和企业品牌的打造上，极具借鉴价值。从天意的角度看，雷军顺应了其个人奋斗者的基因底色，不断地向粉丝传达个人奋斗的故事，同时其个人又是时代大潮人群中的一分子，又具有人群代表性，以看得见摸得着的姿态（舆论示弱和为首批用户亲自开车门）靠近大众，让粉丝自然地被感召。

粉丝从关注到喜爱，再到偏爱，然后追随，已经与雷军和小米构建了超级关系，这种关系超越了产品关系，上升到人格关系。这种超级关系塑造出的结果，就是粉丝对小米产品的热情追捧、情感认同。2024年小米汽车上市后的盛况，就是这一超级关系的具体体现。

雷军深谙传播之道，不断将个人故事通过深情款款的方式讲出来，借人格建立关系，用这种方式为用户提供情绪价值。通过个人奋斗故事、处事的价值观、亲切的姿态、站在与粉丝相同的立场上，向粉丝传达善意，粉丝自然对小米爱得深沉。

从另一个层面讲，小米作为企业，本来与粉丝是有距离感的，但经过雷军个人品牌的加持，小米品牌逐渐人格化，而雷军的个人人格逐渐品牌化，成为企业家个人品牌中的翘楚。

特别需要强调的是，雷军的个人影像在个人品牌中的价值极为突出。我们观察这五次演讲，每次演讲的海报都极具视觉震撼、内容深刻、情感饱满。视觉影像传达出的坚定、梦想、奋斗、信任等信息，是其他传播载体无法替代的。

用我们讲过的逻辑梳理雷军个人品牌的核心要素，有以下四点。

1.塑造超级关系

关系是品牌的核心，改变关系就是在塑造需求。小米高性价比的产品横空出世、大受欢迎，是因为其迎合了用户的需求，改变了手机与用户的关系。参与感、粉丝经济，正是小米与用户超级关系的极致体现。雷军用参与感为用户提供情绪价值，让用户被看见，向用户表达善意，自然就得到了用户的拥护。对用户充满善意是这个时代最好的品牌背书，这在雷军身上体现得极为明显。

2.人格品牌化与品牌人格化

很多企业家在做个人品牌时，总是处理不好个人品牌与企业品牌的关系。要么个人品牌过于强大，让用户忘记了企业品牌，要么企业品牌极为强大，企业家个人却不发声，躲在企业品牌背后。小米公司和雷军之间，双品牌互相推动、互相弥补，呈相辅相成的关系，是一种健康的关系。

企业品牌未来的趋势是人格化，因为只有人格化的东西，才有亲近感、温度感，用户才更愿意接近。没有人愿意接近无温度感的事物，这是人的本性。

个人品牌的趋势必然是人格化品牌，它不能如传统品牌那样高高在上，只是一个符号，而是要有血有肉、有情有义，还要有品牌的人格调性。

3.内容永远是核心

不管企业品牌还是个人品牌，核心的护城河都是内容。不管文字还是音视频，都是品牌的软资产。雷军每年的演讲，既是价值观输出，又是品牌价值塑造。在输出价值观的同时，让品牌增值，这是无数企业家梦寐以求的事情。

没有内容支撑的品牌是空洞的，是无源之水，无本之木。雷军全网粉丝超过小米品牌的粉丝，这是雷军价值的体现，更是小米品牌价值的体现。而这一切都源于雷军和小米持续的内容输出，今天，我们更愿意追随一个人，而不是一家企业。

4.品牌算法

雷军早餐吃煎饼，被发在抖音上引起一波二次创作传播。当雷军骑着自行车上班时，粉丝又感同身受，纷纷进行二次创作。雷军是懂算法、懂粉丝的。当粉丝被共情、被一次又一次争取站在品牌的同一立场时，品牌就获得了强大的影响力。接下来，我们将具体分析和阐释这种算法。

第 4 章

实战算法：

靠确定性塑造品牌

我们将人性的逻辑定义为算法系统，人性的逻辑是有
规律可循的。我们处理与消费者的关系，就是在处理算法。

4.1 需求满足算法：定义需求、匹配需求、交付需求

　　在社交媒体愈加发达的今天，我们满足需求的方式发生了巨大变化。

　　过去，我们有什么样的需求，就会主动搜索相关内容，找到能满足需求的产品；现在，我们有什么样的需求，社交媒体、电商平台立马就会推送无数个差不多能满足我们需求的产品，让我们挑选。甚至，有时我们还没有明确自己的需求，平台已经向我们推送了产品或信息，似乎平台比我们还懂自己。

　　这种包括信息获取、消费行为、社交互动等方面的推送行为，其背后发挥作用的就是算法。算法越来越影响着我们的生活，一方面，它为我们提供了便利的使用体验，我们的需求被精准匹配和满足；另一方面，它又制造了信息茧房，让我们处在算法的包围中，我们能接触的信息都是平台想让我们接触的。

　　微信之父张小龙曾说，推送改变世界，因为用户更懒了。要我说，算法已经深深地影响着世界，因为我们被包围在信息茧房之中，所以掌握人心算法的品牌黑客们，就成了宠儿。

1.算法的原理

我们不从技术的角度聊算法，而是从信息传播的角度理解算法。

人在接触外界信息时，首先得知信息，然后通过自己既有的经验分析信息，得出自己的结论，之后对这个结论深信不疑。 从某些角度讲，当平台推送的信息足够集中时，我们会很容易受平台的影响，很自然地接受某个观点。

换句话说，**一个人喜欢另一个人，中间的链路是有算法的。** 比如见到了相亲对象，外形匹配你的审美，瓜子脸、性格温柔、眼睛会说话，举手投足之间透露出很好的素养，一张口诗词歌赋，恰巧穿着打扮也是你最喜欢的类型。当这些信息被不断推送给你之后，你得出了一个结论：她就是使你一见钟情的人。在整个过程中，开头是相遇，结尾是一见钟情，中间的过程就是让你得出一见钟情的路径。我们再看看这些路径信息，是否都可以进行设计呢？

所以，从品牌的角度讲，这就是影响消费者的契机。通过合理的算法规则，以消费者熟悉的方式，将品牌的信息注入消费者接受信息的算法，让他们自己得出想要的结论。

很多人都有这样的经验，自己本来没有明确的需求，但是在社交媒体平台上逛一圈后，发现这个是想要的，那个也是想要的，结果买了很多产品。你通过社交媒体看到一位企业家，听了他讲的内容，看了他做的事情，感受了他的内在心境，体会了他的使命与初心，突然发现自己喜欢上了他。

未来的产品和品牌，其营销逻辑都是算法逻辑，即通过特定的规则和模型过滤信息并对其进行排序，也就是决定哪些信息对消费者可见，以及这些信息的呈现顺序。算法会根据个人喜好、行为历史和社交网络提供个性化的信息推荐。算法通过不断收集消费者反馈（如点击、停留时间、互动等）优化其推荐，而作为品牌和品牌创始人，更应该深刻地认识到用户的喜爱算法是什么，并且根据自身真实情况与用户喜爱算法，得出用户行为指南。

2.品牌如何影响决策

懂得了算法的底层逻辑后，我们就能得出品牌影响决策的路径。

从信息触达开始，消费者就开始了解品牌，从品牌的内容矩阵中了解更多的品牌信息，并通过自己的既有经验对品牌信息进行过滤，进而得出自己的结论，开始喜欢品牌，对品牌有更高的认同感，最终成为品牌的追随者。

吸引注意力只是算法的初步行为，经过对消费者的不断了解和消费者的真实反馈，算法机制会更加精准，使消费者感觉品牌与自己的价值观同频、认知同频。与品牌的紧密联系也会促使消费者用行动和财富追随品牌。

对于这个决策路径的雏形，我在第2章也有讲述，可以对照理解。

3.需求被算法定义、匹配和交付

算法就是让消费者觉得他需要我们，让消费者知道我们能满足其需求。

这是需求被定义和匹配的过程，消费者的需求一旦确定下来，那么交付就变成最简单的事情。如何定义和匹配需求呢？

当然是与消费者同频、共认知，比他还了解他自己。

4.2 同频共振：品牌价值链引擎

玩过音叉的人都知道，如果两个音叉具有相同的固有频率，其中一个音叉被敲击开始振动，另一个未被敲击的音叉也会因为空气中的声波共振而开始振动。

自然界的万事万物都有其特定的频率。**当两个物体同频时，一个物体的振动就会带动另一个物体的振动。当两人甚至多人的认知同频时，一个人就能唤起一群人的附和与认同。**

在进行品牌营销时，企业最大的目的就是唤起精准消费者的附和与认同。要想实现同频共振，方法有二：产生共情和达成共识。

1.共情：比他更懂他

什么是共情？共情就是以同理心去感知他人的情绪、意图和观点，并体验或理解对方的感受和情绪状态。共情不仅仅是意识到他人的情感，还包括对这些情感的理解和对其产生共鸣。共情是人类社会交往和情感联系中非常重要的一个方面，对于建立和维持健康的关系至关重要。

在心理学领域，人本主义心理学代表人物卡尔·罗杰斯（Carl Rogers）提出，共情是一种将自己置于他人的位置，并且能够理解或感受他人在其框架内所经历的事物的能力。通俗地讲，所谓共情，就是你的快乐我懂，你的悲伤我能体会。你的悲喜，我都能及时做出回应。

　　我在讲课的过程中常常给出这样一个貌似无厘头的共情场景。

　　我们所在的这间教室里有一台空调。与这台空调一起被运来的还有他的爱人空调室外机。它们本来是热恋的情侣，但为了让我们能享受到更好的室内环境，它们只能忍痛分开，一个在室内，另一个在室外。每天它们都默默地思念着对方，开启时滴滴的几声，算是彼此互相打个招呼。平时它们都很忙，非常用心地努力工作，夏天吹凉风，冬天吹热风。有时候同事下班走得急，忘了关空调，它们就要加班一整夜，但是它们从无怨言。

　　但它们谁都不敢坏，因为它们任何一个坏掉，另一个也就失去了存在的意义。有一天其中一个坏了，它们俩就同时结束了它们的生命，但是到了那天，它们又可以相见了……

　　每次描述这个场景时，很多创始人都会生出些许感慨来：与物共情尚且如此，那与人共情，必然能唤起对方更多的情绪。**共情力是企业家和品牌都要训练的能力，这代表了你能否真的站在用户的立场，说出他们的内心感受。在这个时代，谁能够让用户有所感觉，谁无比地理解他的感受，谁就能赢得用户。**

　　其实，品牌与用户建立关系，最大的难题就是，用户觉得与他无关。既然无关，自然就无法感同身受。

　　所以，共情最核心的是找到相似性，找到品牌与用户的相似性、共通性，然后通过同理心，与用户建立一次感同身受的触动。

想象一个场景，某天你的另一半突然用抱怨的语气对你说：

"天天熬夜加班，太累了，我不想干了，辞职！"

你该怎么回答？

你要是回答说："你的工作效率太低了，应该提高效率，为什么不在上班时间就完成呢，我就是这样的。"估计接下来双方就会陷入无休止的争吵。

你要是回答说："不想上班就别上，辞职！""要不，我给你准备个夜宵吃吧。""天天看你熬夜加班，我很心疼。"你的另一半可能会感受到关心和感动，因为你站在了她的角度去感受。

共情是一种超越语言、直接与心沟通的方式。共情力是品牌和商业的底层逻辑，我将共情分为以下三个维度。

（1）身份共情。同样的地域，同样的职业、角色，同样的身份，同样的爱好等，都是身份共情的有利条件。老乡见老乡，两眼泪汪汪，因为老乡来自共同的地域，有共同的成长环境，共同的美食爱好……

在共情时，可以使用身份共情赢得别人的感同身受。

（2）欲望共情。人的欲望是无穷的，追求、爱好、目标、决心等，都是共情的切入点。穷过，所以在别人困难时愿意伸出手；失去过，所以愿意成全别人；淋过雨，所以想为别人撑把伞。

欲望共情的方式很多，只要找准切入点，很容易拉近彼此的关系。

（3）行为共情。两个被骗过的人，在一起聊天时能聊得同仇敌忾。两个外卖员在一起聊天，能因为分享了一条抄近道的小路而瞬间成为兄弟。不管是失败的行为、荒唐的行为，还是转折效果的行为、正在做的行为，都很容易引发共鸣。

有了这些共情的维度，品牌通过什么样的策略和方法唤起用户的共情呢？可以从以下四个角度去着手。

①建立平等关系。与用户沟通的过程中，品牌要懂得尊重用户，要不带任何偏见地与用户沟通。用户感受到了平等对话，被尊重，自然更容易共情。

②观察。人与人之间从陌生到熟悉，首先要找到突破口——突破口往往在观察中发现。学会观察用户的行为、习惯、特性等，就很容易发现共情点。

③引发思考。用户开始思考的时候，就是产生链接的时候。创始人或品牌的专业、决策、内容传播等，如果能引发用户思考，甚至主动去解释因果关系，用户会被创始人折服，从而唤起共情。

④情感追随。设身处地地体会用户处境，感受和理解用户的情绪，并适当引导他们释放情绪，这对用户来说是善莫大焉的事情。追随用户的情感，适当引导，自然就能触摸用户心底柔软的部分。

因为共情的力量往往大于共识，没有共情，每个人都活得像一座孤岛。共情是大家共看世界的一份深情。与用户站在同一视野上看问题，比任何技巧都有用。

2.共识：如何将"鸡同鸭讲"变为心有灵犀

什么是共识？我们在讲相对真相时提过，共识就是基于规则而达成的共同认识。为什么我们都觉得我们是龙的传人？为什么我们要在中秋节吃月饼？为什么国与国之间能进行自由贸易？因为我们在规则之下，达成了共识。

共识强调群体中的每个人都对最终决定表示同意，即使不完全认同，也愿意接受这个决定并共同推动其实施。共识与简单的多数决定不同，它更关注所有成员的意见和共鸣，努力寻找所有人都能接受的方案。

比如，如果大家对黄金没有达成共识，那么它只是一种金属，如果大家对纸币没有达成共识，那么它只是一种纸，如果大家对节日没有达成共识，那么它就是一个普通的日子。

共识是一切组织和联盟的基础，是创造价值、传播价值、摧毁价值的最强利器。之前我举过宗庆后与鲁豫的例子，鲁豫觉得蛋酒好喝，大家肯定都喜欢。宗庆后说："那只是你认为好喝。"这就是没有达成共识，蛋酒再好喝也没有市场价值。

个人觉得好并不重要，大家都觉得好才重要。

相比于真相，共识的力量要远远大于真相的力量。真相存在于此，它是孤立的。当大家建立了关系网络，共同认为那就是真相时，真相就变成了共识。

过去，大家都认为一个人或一个品牌值多少钱，取决于这个人或这个品牌创造了多大的价值。但是我们明显地发现，如果对创造的价值没有达成共识，那么它是一文不值的。

所以一个人的价值应该是多个因素的乘积：

一个人的价值 = 创造的价值是什么 × 有多少人认可 × 被什么样的人认可

人的价值、品牌的价值同理。共识在其中起到了关键性作用。

那么，品牌如何与目标人群达成共识呢？

（1）**进入对方的圈子**。要想链接目标群体，不仅要听其言观其行，更重要的是要走进对方的圈子，要看看他周围的人和事，这样才能了解对方的思维模式。如果你非要把梳子卖给和尚，却不了解和尚的所思所想，那么结局必然很惨，因为达成共识需要同样立场的视角。

（2）**共识要建立在未来**。与目标群体聊过去，都是为了共情——酒撤了，人散了，只剩一地鸡毛。而与目标群体聊未来，才会有观点输出，才会创造新的可能。这样，有了共同的预期，就有了共同的想象力和吸引力。

（3）**站在同一立场。人不同，情可以相同；事不同，理可以相同；路径不同，目标和结果可以相同**。与目标群体达成共识，找准立场，切入进去，就能找到共同点，从而改变关系，甚至能将矛盾对立的双方变成统一立场的人。

想让谁成为你的人，就先成为他的人。

想赢得谁的人心，就要先站在谁的立场。

（4）**专注目标，结伴而行**。目标是最能让人团结的，在目标统一的条件下，一起走，一起体验，一起感受，比单纯地讲道理更容易达成共识。为什么很多品牌要邀请意见领袖、网红大咖进行推荐？因为

他们能勾起消费者想要尝试的冲动。消费者有了尝试，品牌才有机会
与其同行。

  如果想让消费者知道橘子是酸的还是甜的，不要光凭嘴说，要想办法让他尝一尝。

4.3 想象力驱动：最有效的向往路径

如果你从现在开始，失去了所有的憧憬和向往，你会怎么办？

大多数人会惊慌失措，进而迷茫，浑浑噩噩，最后郁郁而终。

有人做过实验，把一只虫子扔进水里，等到它快要被淹死的时候，把虫子救起来；然后把它丢进水里，等到它再次快要被淹死的时候，再将它救起来。如是反复多次，虫子能活很长时间。如果一开始把虫子丢进水里，在很短的时间里，虫子就会死亡。

虫子在每次快要死亡的时候，有人把它救起来，给了它希望和向往，它就可以坚持足够长的时间。没有人施救的话，它失去了所有的希望，自然很快就放弃了。

人是希望和向往驱使的动物。正是有了无穷的想象力，人类社会才从石器时代走到了数字化智能时代。没有想象空间的人类社会，会立即失去活力。资本市场也是同样的道理，有想象力的企业，市值都很高。

可以说，想象力是世上无比强大的力量，而品牌和创始人品牌最核心的价值，就是永远帮用户建立希望感。

1.为什么每个人心里都装着英雄主义

孩子的脑子里充满了想象，他会想象出无数个英雄。父母可以是孩子的英雄，老师可以是孩子的偶像，这些向往和崇拜都是英雄主义的外在表现。

从心理学角度看，人们在满足了基本的生理需求和安全需求后，会追求更高层次的需求，如爱和归属感、尊重以及自我实现。英雄主义行为可以满足个体对自我实现的需求，即实现个人潜能、追求个人成长和自我完善。

从进化的角度看，英雄主义可能是一种适应性行为。在漫长的进化过程中，那些愿意为了群体利益而牺牲个人利益的行为可能增加了个体的社会地位和基因传播的机会。这种利他主义行为有助于增强群体的凝聚力和生存能力。

商业关系中的英雄主义，就是品牌站在目标人群的立场，说目标群体想说而不能说的话，做目标群体想做而不能做的事。一个好的品牌首先要立场鲜明地与目标群体站在一起，并且持续地站在一起，全力以赴捍卫共同的立场。

英雄主义给目标群体营造了完美的想象，进而吸引他们靠近和喜欢品牌。

2.向往是最大的力量

人类没有翅膀，所以大家向往天空，在不断的尝试中创造出了飞机。人类没有水中生活的身体条件，所以向往海洋，创造出了远洋船。人类也没有猎豹的奔跑能力，所以向往速度，创造出了汽车。

人不可能完美，都存在缺失项，并且往往越缺什么，就越在乎什么。

每个人都是长在现实里，活在想象中。

生活在城市里的人，向往田园山水，所以民宿、乡村旅游很火。生活在小城镇里的人，向往大城市的繁华，所以努力要去北京、上海逛逛。现代人过腻了现代生活，所以西安的大唐芙蓉园给大家营造了盛唐的向往，"房玄龄""杜如晦"站在人群里与游人对诗互动……

用户为什么买单？我们必须知道他是为了自己的向往买单。卖钉子的要知道用户购买的目的不是拥有一颗钉子，他的目的是买一颗钉子，把一幅好看的山水画挂在客厅的墙上，让客厅充满文化气息，这才是真正的需求动机。然而，有多少品牌都在努力营造钉子的卖点，而忽略了购买行为的背后是用户希望通过钉子带来的生活向往的价值点。

向往创造了更多的商业机会，也给了品牌更好的发展空间。所有品牌都应该思考一件事：我给用户提供满足需求的解决方案，最终目的就是营造用户的某个向往，而企业家就要清晰地描述用户的向往，满足用户向往的指针。

有了向往，山再高，水再长，都有人义无反顾地奔赴而去，因为每个人都长在现实里，活在想象中。就如这几年大火的贵州"村超"。

"村超"，即贵州乡村足球超级联赛，正式创立于2018年。这是榕江县政府与当地村民共同发起的一项体育盛事，其初衷在于推动乡村体育事业的发展，丰富村民的文化生活，同时探索通过体育赛事促进乡村振兴的新途径。创立以来，村超不断发展壮大，吸引了越来越多的村民参与，也吸引了全国各地乃至全球的关注。

榕江县坐落在我国贵州省东南部，这里的人民热爱足球，将这项运动视为生活中不可或缺的一部分。足球文化在这里拥有悠久的历史和深厚的底蕴，已经成为当地社区文化中不可分割的一部分。在榕江县，你可以看到村民自发组织的足球比赛，这种比赛形式孕育出了颇具特色的村超文化，充分展现了当地人民的热情和活力。

三宝侗寨位于榕江县，是侗族人民的主要聚居地。这里的侗族文化丰富多彩，侗族人民对歌舞的热爱与足球运动相得益彰，为村超注入了独特的魅力。在村超赛场上，观众不仅可以感受激烈的足球比赛，还可以欣赏侗族大歌、民族舞蹈等少数民族的文化表演，这使得"村超"成为一个集体育、文化和旅游于一体的综合性活动。

榕江县政府对村超给予了坚定的支持，无论在赛事组织、场地建设还是在宣传推广等方面，都提供了有力的帮助。借助赛事的举办，当地经济尤其是旅游业得到了快速发展。村超通过各类平台得到了广泛传播。赛事的视频和图片在网络上迅速走红，引起了全国乃至全球的关注。如今，村超已经成为榕江县的文化名片，成为乡村振兴的典范，也为当地经济发展带来了新的机遇。

村超为什么能得到如此多人的喜爱，成为盛大的活动？

本质上，它是人们对榕江县特色民俗和足球文化的向往。正是这种向往推动着越来越多的人奔赴榕江县，体验当地的文化与特色。总结起来，我们可以从以下几个方面认识村超的火爆。

（1）**独特的文化体验**。贵州村超融合了当地丰富的民族文化和足球文化，为参与者提供了与众不同的体验。这种文化融合不仅展示了当地的民族特色，也让足球比赛变得更加生动有趣。特别是村超足球，与国家队的足球形成了鲜明的对比，让大家更加好奇。

（2）**自然与人文的结合，让人无比向往**。贵州的自然风光秀丽，加上浓郁的民族文化和乡村风情，使得村超不仅仅是一场足球赛事，更是一次深入体验当地自然风光和人文风情的旅行。对于长期生活在都市中的人们来说，贵州村超提供了一个远离城市喧嚣、亲近自然和体验乡村生活的机会，这种回归自然的吸引力非常大。它塑造了大家心中向往的理想生活，同时也构建了足够多的差异话题，例如：村超冠军的奖品是一头牛、90 岁的老奶奶在看台上翩翩起舞、各个明星足球队在村超竞技等，借用泛话题带动主话题，超越了赛事，给用户提供了多个审美视角，产生联动话题。

（3）**体育与旅游的结合，是当下人们向往的生活休闲方式**。贵州村超将体育赛事与旅游相结合，为游客提供了新的旅游目的地和体验方式，满足了人们对于休闲旅游和体育旅游的需求。足球作为世界上最受欢迎的体育运动之一，本身就拥有广泛的群众基础。贵州村超以其独特的足球赛事形式，吸引了众多足球爱好者的关注。

（4）**媒体曝光和社交传播**。村超下大功夫带动 3000 名村民做短视频账号，启动了矩阵效应。随着村超在各大媒体和社交平台上的曝光，其独特的魅力被更多人知晓，激发了人们的兴趣和向往。榕江县的城市品牌就此打响。我们能看到，榕江县所有的宣传动作都完美地契合了品牌成长的关键点。无论城市品牌的内容，还是城市品牌的传播方式，抑或城市品牌的放大算法，都踩在了正确的节点上。

　　城市品牌的打造，原理与企业品牌、个人品牌的打造是相通的。懂得了品牌的底层逻辑和算法，打造品牌自然就会得心应手。

4.4 虚构的力量：重塑让人向往的目标

向往，像一盏明灯，在远处闪闪发光，指引着方向，想得到，看得到，却触摸不到，这会让人茶饭不思。

那么，如何塑造让人向往的目标呢？

1.展示非凡

2019 年，一位名叫李子柒的平民偶像火了。她的全网粉丝量超过 1 亿，她的视频不但在国内广为传播，而且享誉海外，成为中国文化输出的重要力量（见图 4-1）。很多人看了李子柒的视频，都觉得这就是自己向往的生活，绝美的山水风景、风轻云淡的田园生活、日出而作日落而息。外国网友看了，直呼想来中国旅游。

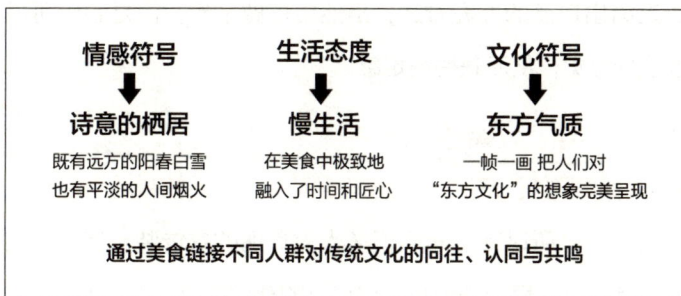

情感符号	生活态度	文化符号
↓	↓	↓
诗意的栖居	慢生活	东方气质
既有远方的阳春白雪也有平淡的人间烟火	在美食中极致地融入了时间和匠心	一帧一画 把人们对"东方文化"的想象完美呈现

通过美食链接不同人群对传统文化的向往、认同与共鸣

图 4-1 李子柒塑造了人们对传统文化和慢生活的向往

　　一位普通的女孩通过诗意的栖居、慢生活，将浪漫的东方气质一帧一画地展示了出来。这种平凡与非凡的对比，让大家的向往更加突出。非凡是如何突出的呢？

　　（1）**放大身上的励志点，塑造共鸣。**李子柒是平凡的农村女孩，但她会做各种各样的传统美食，掌握别人未掌握的传统手艺。她回到家乡创业，陪伴着她的亲人。这些励志点中的每一个都是大家想做而没有做到的，同时呈现了生活可以多姿多彩的感受。

　　（2）**让别人在她的身上找出自己的影子。**有相同生活经历的粉丝，必然能在李子柒身上找到自己的影子，或许那些手艺他也会，或许那样的田园生活他也喜欢，看到自己的影子，就有了向往。

　　（3）**弥补了时代的缺失项。**在充满钢筋混凝土的城市中打拼的人，内心总是想要拥抱自然，在忙碌中拥有自己的空白时间，享受放空、缓慢、从容。在诸多的生活压力下，李子柒的生活虽然是大多数人做不到的，但是无法阻碍大家内心的向往。好的品牌和 IP 要根据社会情绪的匮乏给出自己的补充方式，虽然用户做不到，但是起码可以感受和同频这种感觉，从而获得满足感。

2.装得下自己，装得下用户

　　人人都想把自己好的一面展现给别人，人人都有动力把向往中的自己呈现出来。所以我们看到很多人靠华丽的衣饰装点自己，靠珍奇的宝石点缀自己，靠豪华的车彰显自己的社会地位。

　　从商业的角度看，把自己包装成他人向往的样子，是非常值得肯定的。如果一个品牌连想象都不敢想象，那么这个品牌得有多无趣。

不单是在商业中，在艺术审美中也是这样的道理。中国美术学院的教授范景中曾说，**人天生就喜爱艺术，就像人天生爱美一样，这是人的本能**。但在艺术审美中，仅仅靠爱美的本能是远远不够的，我们需要抱着不懂就问的心理，去听听那些权威人士的见解，也就是我所谓的"附庸风雅"。如此一来，总有一天我们能真正看懂，可以抛开权威的意见，得出自己的真知灼见。

"附庸风雅"就是一种向往的力量，在附庸风雅的过程中，我们可以完成先模仿，后成为，再超越的过程。

一个人、一个品牌，首先要能容纳想象中的自己，才有可能感召更多人、吸引更多人。

退一万步讲，"装"之所以是人的刚需，是因为在装得像的过程中，我们会营造出让人向往的势能，这种势能是关系构建的基础，也是品牌成事的动力。

4.5 具象化诉求：需求的可量化、可表达

除了重塑让人向往的目标，具象化分析目标人群也是构建关系、塑造品牌的重要抓手。在营销过程中，我们不厌其烦地说要精准定位自己的目标用户，数据化分析目标人群，但具体如何操作呢？

1.清晰认识目标人群的基本差异

从认知能力上，我将目标人群分为以下三类。

（1）高认知能力人群。这个群体占目标人群整体的 10% ~ 20%。这类人群的基本特征有以下几个：

• 具备良好的教育背景或者具备一定水准的行业认知，有丰富的消费经验，通常情况下消费能力比较强。

• 购买行为决策效率比较高，对产品的品质、格调、外观、性能、可靠性比较关注。

• 他们通常不喜欢被问问题而处于被动状态，而是喜欢主导谈话过程，对销售人员的描述和回答有敏锐的判断力。

• 卖方需要展示足够的专业度以及诚实、温和的态度。

（2）认知能力一般人群。这个群体占目标人群整体的 60% ~ 70%。他们是目标人群的主要组成部分，有以下几个特征：

• 人群数量庞大，能够创造巨大的基础市场，是促成品牌获得巨大成功的根基所在。

• 品牌忠诚度较高，消费能力尚可，在性价比的基础上，以品牌为选择导向。

• 对品牌的情感溢价、社交尊重、公众认知度比较重视。

• 绝大多数的高认知和高忠诚度的消费人群也来自这个群体。

• 在对品牌比较满意的情况下，他们会积极宣传和推广品牌，是品牌交流传播的主流人群。但如果出现对品牌不满意的情况，他们也是差评率最高的人群。

• 卖方需要展示足够的品牌背书，高端用户的见证背书，以及谦恭、温和的态度，并且与消费者建立良好的关系，弥补产品问题带来的负面效应。

（3）低认知能力人群。这个群体占目标人群整体的 10% ~ 20%。这类人群的基本特征有以下几个：

• 消费能力稍弱，消费经验不足，对产品的理解比较表面，对价格比较敏感，品牌价值服从于性价比。

• 渴望得到贴心的销售服务。

• 不属于很好的提问者，需要卖方主导沟通过程，并提供完整、清晰、易于理解的描述和回答，不要用过于高端、专业的词汇。

• 需要卖方付出足够的耐心、秉持足够温和的态度。

2.警惕伪目标人群

很多时候，我们在分析目标人群时会出现很大的偏差，这是因为我们定位了伪目标人群。

何谓伪目标人群？举个例子，大家就明白了。儿童学习机是谁在用？当然是孩子。但谁决定了购买？当然不是孩子，而是孩子的父母。

如果我们将目标人群定位为孩子，这就是伪目标人群。

同理，老人鞋的广告是给谁看的？是给老人的子女看的。老人的子女才是品牌真正的目标人群。

3.如何描述目标人群的需求特征

我们可以用以下四个标准清楚地描述目标人群的需求特征。

①面临什么样的处境。

②他们有什么样的痛点和需求（列举不少于五条）。

③他们期待的改变。

④期待自己能成为什么样的人。

我们以宝妈为例，应用上面的四个标准。

①面临什么样的处境。

在情感上，双方有一点审美疲劳，容易出现情感危机。

不得不开始面对身体已经出现的衰老迹象，但内心不想承认，迫切地想抓住青春的小尾巴。

财富收入不足以应对越来越高的支出，因为育儿，可自由支配的时间比较少。

②她们有什么样的痛点和需求。

想买好的化妆品，但苦于价格高昂；希望找到性价比高、体面、能降低年龄痕迹的，看起来更年轻、自信的产品等。

③她们期待的改变。

家庭关系更加和谐，有相对较多的时间，有富足的可支配收入。

④期待自己能成为什么样的人。

期待自己能成为一个不被宝妈身份束缚、能够得到家人尊重、手里有钱的人。

成为一个活得漂亮、干得漂亮、赚得海量的人，能充分发挥自己的价值，实现自我。

经过这样的描述，宝妈这个人群的需求特征就能很清晰地表达出来。它能帮助我们快速定位目标人群，高效分析其特征。

有人可能会说，我现在没有很清晰的事业，也不清楚自己的目标人群，这种方法不太好用，怎么办？

有个捷径，可以试试。

那就是去分析 1 ~ 3 年前的自己，那时的你面临怎样的处境，有什么痛点和需求，期待怎样的改变，期待自己成为什么样的人。经过这样的分析，你就能清晰地知道，自己的目标群体是什么样了。

因为你能吸引的目标人群，必然和你有相似性。

4.6 存在感和掌控感: 双 "感" 齐下给用户最想要的

在信息化的今天，不论个人还是品牌，都应该不断发声、不断输出内容、不断出现在消费者眼前。小米的创始人雷军在各个社交平台上都拥有巨量的粉丝。雷军即使再忙，也会在社交平台更新动态，一定会发布一些内容。这种信息的持续曝光可能并不能带来短期的利益，但从长远看，个人品牌不断刷新存在感，就是为了给消费者一种安全感。

罗辑思维的创始人罗振宇，从做公众号开始，每天都要更新一条60 秒的语音，持续了 10 年。在这 10 年里，罗振宇每天雷打不动地更新 60 秒语音，就是为了不断刷新存在感，潜台词就是告诉用户 "你看，我在呢"。

孩子小的时候，只要看到父母不在身边，瞬间就会惊慌失措。而父母在身边时，什么也不用做，孩子就会安心地玩玩具。这种只要看到存在，就有安全感的情形，对品牌同样适用。

品牌的社交平台账号如果连续几天不更新，投资人就会瞬间觉得失去了安全感，更别说消费者了。

从某种意义上讲，存在感就是安全感。

安全感的另一个层面是掌控感。

我们去饭店吃饭时，经常会看到点菜结束后，服务员会拿一个沙漏放在桌子上，并告诉顾客，这个沙漏的沙漏完，菜就必须上齐，如果没有上齐，就会免费送顾客几道菜。

这个细节极具价值。一个小小的沙漏对饭店的菜品和服务产生的作用微乎其微。对大多数人来说，即使沙漏漏完菜还没有上齐，也不会和饭店较真。但这个沙漏把主动权交到了顾客手中，顾客瞬间拥有了对饭店上菜速度的掌控感。

这种掌控感是极为诱人的。

如果品牌把主动权交到消费者手中，那么消费者被尊重、被重视的体验就会爆棚。品牌与消费者的关系就很容易被理顺。

能给消费者以存在感和掌控感的品牌，运气从来都不会太差。

4.7 反常识：反差是品牌动力的源头

关注时尚圈的人往往会发现这个问题：每年的时尚圈大会上，总有明星会摔倒，并迅速登上热搜。难道每年大会的地面都不平，明星经过时正好被绊倒了？难道摔倒是大会安排的？原因很简单，没有特别优势的人，哪怕登上再好的舞台，也是路人甲，舆论的关注点都会在那些高知名度的人身上。所以，不具备高知名度的人就要学会营造话题，如果不跌倒一次，连被报道的机会都没有。[①]

要知道，世上多有狗咬人，人间鲜见人咬狗。狗会咬人是常识，但人去咬狗，这就是反常识了。可偏偏反常识的东西，消费者都记得比较清楚。

1.猎奇心理

人的本性中有猎奇心理，越是有反差的事情，就越让人充满好奇。清代诗人、散文家袁枚在《李觉出身传评语》中写道："文似看山不喜平。若如井田方石，有何可观？惟壑谷幽深，峰峦起伏，乃令游者赏心悦目。或绝崖飞瀑，动魄惊心。山水既然，文章正尔。"品牌也一样，平平淡淡的人设吸引不了人们的眼球，有反差的人设才备受关注。

在品牌的世界里，这种猎奇心理更是被运用得淋漓尽致。一个品

---

① 客观分析这一现象，但并不认可这种搏流量的工作。

牌若想在激烈的市场竞争中脱颖而出，除了产品的质量过硬和服务一流，更需要有独特的品牌形象和故事吸引消费者的注意力。

品牌需要创造出一种反差，一种让人眼前一亮、心中一动的反差。 这种反差可以来自产品的独特设计，也可以来自品牌背后的感人故事，或者是品牌倡导的独特价值观。

例如，某家新兴的咖啡品牌，它的产品不仅是咖啡，更是一种生活态度的体现。它的店面设计独特，融合了现代与复古的元素，让人仿佛置身于一个别样的世界。而它的咖啡更是经过精心挑选和烘焙，每一杯都充满了独特的香气和口感。更重要的是，这个品牌倡导的是一种慢生活理念，让人们在忙碌的生活中也能找到片刻的宁静和享受。

这样的品牌就像一座充满惊喜和神秘的宝藏，吸引着人们去探索和品味。它不仅仅满足了人们对产品的需求，更满足了人们对生活的好奇和追求。

品牌要想在市场中取得成功，就必须善于运用猎奇心理，创造出有反差的人设和品牌形象。只有这样，品牌才能在众多品牌中脱颖而出，成为消费者心中的独特存在。

2.推翻常识，建立新知

从常识来讲，明星走红毯是比较重要的活动，所有参与者应该着装得体、举止得当。但奇怪的是，几乎每年的活动都有必备项目，那就是有人摔倒。

这是不是很反常识的现象？肯定是。正是因为反常识，大家才会当成新闻看待，才会获得流量和曝光度。大家都中规中矩地走红毯，观众能记住谁？他们谁也记不住，但会记住摔倒的那个。

在任何活动中，出现意外，就制造了话题。有话题才有关注度，才有机会与消费者建立关系。作家余华说了很多实话，他说他写小说就是为了不去上班，为了能躺平。有一位法国记者采访他，问他法国作家和中国作家最大的区别是什么？余华一本正经地说，最大的区别就是法国作家用法语写作，中国作家用中文写作。粉丝见到这样的余华后，疯狂地喜欢上了他。

企业家和品牌要学会形象反常识、语言反常识和行为反常识。

常识之外，反常的表现往往都能赢得人们的关注。

第 5 章

品牌黑客：

从"天意"到"算法"的路径设计

柏拉图的三个终极问题："我是谁？""我来自哪里？""我要到哪里去？"这是我们构建品牌的本质。当我们想清楚了这三个问题后，人生的全景就能呈现出来。如果我们能看清来时路，就能明白眼前路，找到未来的路。

5.1 比较优势归因：如何找到你最擅长的这件事

人生有三问："我是谁？""我来自哪里？""我要到哪里去？"《西游记》里，唐僧每到一处化缘的第一句话就在回答这三问："贫僧唐三藏，自东土大唐而来，去往西天求取真经。"

人生就是取经的一生，有人知道自己从何而来，去往何处；有人一辈子也没有找到自己的特殊之处。董宇辉在直播间火起来之前，是新东方的一位英语老师，当时他就想当好老师。火了之后，他依然想做一位传播知识的老师。

在品牌天意中，我提到过基因定位。每个人都天生有一种能力或者擅长做一件事，很轻松就可能比其他人做得都好。刘德华擅长演戏，巴菲特擅长投资，乔布斯擅长创新，韩信擅长大兵团作战……

如何挖掘我们身上无可替代的闪光点，找到属于自己的人格资产，就成了人生中最重要、最迫切的事情。基于品牌的差异化，对于很大一部分企业具备的独特天赋来说，毋庸置疑，企业家的天赋就是企业最大的天赋，并且会慢慢形成团队的天赋。企业创始人就是企业最大的独特性，他的做人做事原则、思想维度、经营哲学、产品主义、服务理念等，都会延伸到企业的各个经营层面，进而影响团队的群体人格呈现，成为一种独有的标准。

1.基因自查

我们可以通过豹变的个人品牌基因自查表发现自己的优势。

这张基因自查表，我们已经在数千位企业家身上用过，测试结果非常好。大多数企业家通过基因自查找到了自己性格中隐藏的特质和缺陷，并通过追溯的方式发现了其中的原因。知道了原因，我们采取行动就会更有针对性，否则两眼一抹黑，只能靠自己摸索。

当然，这张基因自查表并不是一次性就可以完成的，你可以多次尝试，隔一段时间做一次，就会发现其中会有细微的差别。对于这个差别你要特别关注，因为它可能隐藏着你的某些基因特质。

在填写表5-1时，要特别有勇气，因为你需要真实地面对自己的过往，需要条分缕析复盘做过、经历过的事情。一个人如果能真实地面对自己，他的内心就会变得格外强大，同时他也会发现自己人生的经历，成就了他现在的独有特质，而这一切也是个人品牌人格独特魅力的来源。

表 5-1　个人品牌基因自查表

序号	问题	你的答案
1	原生家庭对你影响最大的是你的哪方面？积极／消极（选一条回答）	
2	教育背景（家庭教育和早期学校教育）给你带来的最大影响是什么？成绩最好的科目是什么？	
3	如果把你创业成功归纳为一个原因，你认为是什么？反之，假如你创业失败，只选一个原因，则又是什么？	

续表

序号	问题	你的答案
4	自记事起到现在，列出你最有价值感（或者存在感）的五件事（无论大小）、最让你失去存在感的三件事。	
5	你人生中最黑暗或最难熬的事是什么？你做过的最疯狂的事是什么？	
6	假如你已经有一个孩子，你最希望你的孩子学习你身上的哪个优点或特长？最不想他学习你的哪一点？（注：是你身上真实存在的优缺点）	
7	你最接受不了且最讨厌你的客户对你的评价是什么？你会在心里拒绝这样的用户，还是希望改变自己在客户心中的评价？	
8	你对自己最满意的是什么，你被别人夸奖得最多的是什么？	
9	如果你目前没有或者不喜欢自己的主业，那么你最理想或最擅长的事业是什么？为什么？你具备哪些能力能够做这份事业？	
10	请列举你的五个优点和五个缺点？（按重视程度排序）	

除了上面的基因自查表，豹变商学经常使用的一个自我检测的工具是"自我画像与他人画像"。这个工具需要多人配合（5~8人），并且最好是陌生人，太熟悉的人会影响画像的真实性。

这个工具如何使用呢？方法很简单。

①5~8人聚在一张桌子前，各自互相打量其他人，看对方的相貌、衣着和动作表情，并据此判断对方的性格、处事方式等。

②大家起身，互相和其他人握手并简单交谈，交谈的问题可以随

意发挥，以不冒犯对方为底线。

③互相靠近闻一下对方身上的气味，并据此判断对方的性格、处事方式等。

④每人面前放一张白纸、一支笔。

⑤自己拿出笔，在纸上写上你左手边的伙伴的名字或代号（我们记为A），并在纸上画出A的脸部轮廓，然后将纸交给你右手边的人（我们记为B），B在你画的轮廓上画出A的一个器官，如鼻子、眼睛等，然后B将纸交给他右手边的C，C再画出A的一个器官，依此类推。

⑥画画像的过程中，每个人的绘画功底不一样，画出的美丑暂不讨论，但脸部器官传递出的信息，就是别人对你的初步认知。你会发现，别人眼里的你，你根本不熟悉。这就对了，你眼中的你和别人眼中的你，可能真的完全不一样，这就是我们在打造个人品牌时特别要注意的关键。我们往往已经具备80分的价值，但是别人眼中的你只有20分，那么你的公知价值就只有20分，这就出现了别人对你的认知偏差。

因为在你眼中你是谁并不重要，重要的是在别人眼中你是谁。

2.五步基因定位法

基因定位是根基，是从"道"的层面理解品牌定位。我们具体来看品牌定位的五步。

第一步：抽丝剥茧。

认知世界容易，认知自己最难。身在局中，最难看清局势。只有跳出局，以第三人称的视角去俯视，我们才能发现问题。个人品牌定位，最怕的就是无法认知自己。而人生于世，最难的就是面对真实的自己。

　　你是什么样的人？你可能会用无数个词来形容。但你自己的形容并不构成个人品牌的内容，别人如何评价你才是个人品牌的真正内容。还是那句话，在你眼中你是谁并不重要，重要的是在别人眼里你是谁。

　　在豹变的课堂上，我也在一遍遍地问学员："你是谁？别人眼里的你是谁？"没有人能立刻回答上来，因为大多数人都没有抽丝剥茧地分析过自己。如何对自己进行抽丝剥茧，清楚地看到自己呢？比较好用的方法，就是画出自己的品牌成长树。

　　我们可以先来看看马斯克的品牌成长树，如图 5-1 所示。我们能看到，马斯克从小时候到长大成人的每一步变化。当一个人的成长过程通过成长树描绘出来时，前因后果就能观察得一清二楚。

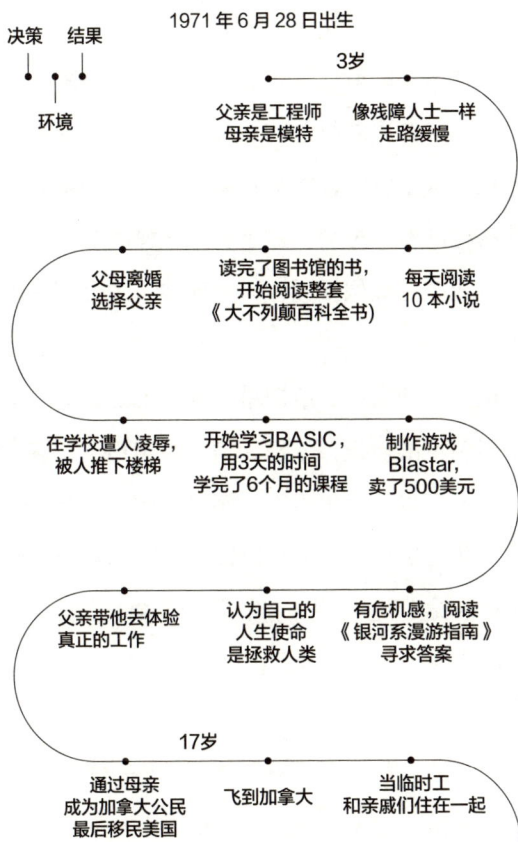

图 5-1　马斯克的品牌成长树

第二步：知己知彼。

知人易，知己难。人的心中总有一面镜子，里面照出来的都是自己光鲜亮丽的一面。自己的缺陷、自己的对手、自己的身份，都必须从别人身上"照"出来。

知己知彼，可以从以下两个方面着手。

①剖析自己和对手的行业及行业身份。个人品牌往往都需要放在行业中传播和变现，如果对行业的认知不足，个人品牌的定位自然不准。同样是专注于人工智能，谷歌和百度的定位是不同的。人工智能这个行业有什么样的发展态势？对手有怎么样的布局？自己的优势是什么？自己在行业中的地位如何？认清现实，才会有进步空间，才能制定竞争策略。

②精准定位自己的用户。用户是个人品牌最好的"照妖镜"，很多人往往陷于自嗨不能自拔，就是因为其对用户不了解、定位不准。如果你是一个儿童玩具品牌负责人，面对的用户是孩子，但你要清晰地认识到，做出购买玩具决策的是妈妈，所以妈妈也是你的用户。如果你是一个国潮小众品牌负责人，那么你就要精准定位用户是 Z 世代、Alpha 一代 ① 消费者，而不要老想着讨好中年人。

第三步：八面玲珑。

人是群体性动物，要在群体中生存，自然要保持平衡、稳定的社会关系。所以展现自己的多面性，与极致的人格并不冲突。和不同的人说不同的话，传达不一样的态度，这是一种极为珍贵的能力，并不是虚伪。

豹变 14 大标签系统，打造的就是丰富而立体的人设。一个人在公司、家里、朋友间、小圈子内，展现的会是不一样的人设。唯有这样，才能左右逢源，很容易地融入多个圈子。

---

① 指出生于 2010—2024 年的人，他们是和人工智能一起成长起来的一代人。

第四步：伏脉千里。

草蛇灰线，伏脉千里，目的就是在关键时刻能有趁手的工具可用。个人品牌的传播和发展并不是线性的，极具跳跃性。当属于你的机会来临时，你要做好充分的准备拥抱这个机会，而不是被机会吓傻在原地。

很多企业创始人平时不注意给自己做一些铺垫，不注意埋下一些伏笔，到了关键时刻，往往手足无措，临时抱佛脚，结果可想而知。

时来天地皆同力，你首先要有调动天地之力的工具和方法。总有人说，面对一样的机会，他为什么就看起来宠辱不惊，还能把事情办得很完美，而自己捉襟见肘、一地鸡毛？

不做铺垫、没有伏笔，是企业创始人打造个人品牌的大忌。豹变的 14 大标签系统，就是很好的布局方法。可能你一时之间用不到这么多的标签，但只要布局好了，什么样的事情你都能接住、什么样的流量你都能掌控。

第五步：出世入世。

人设、标签都是高度凝练的，是符号化的，也是相对片面的。个人品牌的定位不能单靠某个人设或标签支撑，而是需要它们形成合力。所以在传播的过程中，要采取立体的对外传播策略。

比如雷军，有网友给他梳理出九个身份标签，分别是商界大佬、程序员、时尚博主、面点师、厂长、赛车手、专车司机、著名歌手和班主任。在这些标签中，有一些标签是带有幽默感的，但都有缘由。

商界大佬、程序员、时尚博主这些身份是大家都认同的。雷军早年做程序员，创办金山公司，后来创办小米公司、做小米供应链，在经营公司的同时，又运营个人自媒体账号，成为博主。

在小米汽车的创始阶段，雷军经常去工厂调研，在这个过程中又获得了面点师、厂长的幽默标签。在小米汽车上市后，雷军发布了一系列试驾的短片，所以又被人贴上了赛车手的标签。在第一批小米汽车交付时，雷军给新车主送花、开车门的行为赢得了消费者的认同，所以雷军又被贴上了专车司机的标签。

至于著名歌手，这纯粹是网友的调侃。早年，雷军在国外出席发布会时说了一句"Are you OK?"被网友制作成调侃视频疯狂传播，雷军对此一笑了之。班主任这一标签则是网友调侃雷军平时的穿着就和学生时代的班主任一样，而雷军的励志故事又像班主任一样有号召力。

这几个标签和关键词只是雷军个人品牌的一小部分，它们从多个层面向个人品牌打造聚焦。有些标签是网友给的，有些标签是雷军自己的身份塑造出来的。这种看似比较杂乱的标签，实际上构建了一个丰富、立体、有血有肉的形象，这样的形象接地气，让人感觉有温度、没有距离感。

或许，雷军能获得几千万粉丝、成为自媒体大 V 的秘密就在于此。

当然，我们能很清晰地看到，在雷军众多标签的背后，都有非常充实的内容作为填补。标签不是凭空得来的，而是雷军的一个个行为、一次次行动、一场场演讲塑造出来的。不管自媒体上的内容输出、图书出版，还是线下演讲，都是他标签内容的一部分。这些系统性内容输出的是个人品牌的差异化和核心竞争力。

在我看来，雷军的方法完美地诠释了个人品牌塑造的策略。我们只要掌握了个人品牌定位的核心逻辑，懂得了"道"，那么策略、方法、工具等，都会自然生发出来。

做品牌，一定是定位自己的差异化、个性化、专业化优势，而不是人云亦云。你要确定你比别人到底高明在哪里，而不是跑过去说自己比马云高 10 厘米，这样的定位有意义吗？没有！你的高明之处，一定藏在你的基因里，藏在你最擅长的特质里，你要相信你不具备的东西怎么搞都是虚无，你本身就具备的东西放大了才是你的超级武器！

明天会发生什么，谁都不能确定，我们唯一能确定的是我们的经历不同。我们之所以能走到今天，一定是因为我们做了很多不得不做的选择，我们的能力、我们擅长的事情、我们的使命、我们的念念不忘，一起成就了今天的我们。

按照市场需求来做定位是片面的，因为需求一直都在，但是你的基因不一定能实现它和驾驭它。同样的定位，放在 A 身上做成了，放在 B 身上却失败了，那么是定位本身错了吗？并不是，只是驾驭这个定位的主体基因不匹配罢了，而真正适合于可持续发展的定位一定是：品牌基因与市场需求的双向奔赴，中间的那个相交点才是你可持续发展的、不拧巴的、具有可操作性的个性化定位。

　　我们梳理过往不是为了缅怀过去，而是为了找到那些我们不得不做的动力和缘由，找到我们的向往，提炼出我们的优势能力，应用于当下和未来，让我们在接下来的生活和事业征程中不再徘徊与迷茫。

5.2 语汇系统：基因定位的系统应用模型

人生最幸福的事，是在最年轻的时候找到自己的天赋，找到自己的使命，找到自己擅长做的事情。

人生最悲哀的事，是一生盲目地努力、遍体鳞伤地躺在别人的路上，为他人作嫁衣。

找到了自己的天赋、使命、擅长做的事，如何将其逻辑化、系统化呢？当然是使用我们的**基因定位的系统应用模型**。

之前我提到过，在品牌的高级阶段，必须具备五力，分别是定义力、内容力、传播力、影响力、转化力。从最基础、最核心的定义，到内容、传播、影响扩大，再到转化，每一步都必须配合紧密。

基因定位的系统应用模型（以下简称"模型"）是基于基因定位，将品牌五力融入其中的更全面的应用模型，如图 5-2 所示。

1.基因定位

在模型中，基因定位的核心是关键词和定义，谁能准确给出定义，谁就掌握了话语权，而定义的核心就是精准化关键词。我们的人设、话语体系、故事等，都要以关键词的形式沉淀下来。

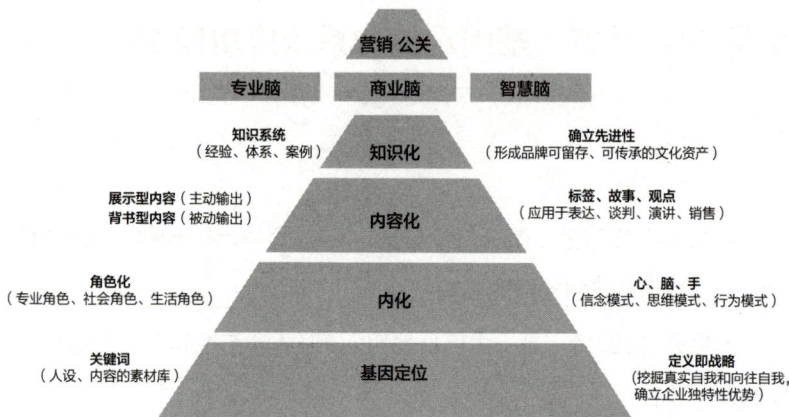

图 5-2　基因定位的系统应用模型

2.内化

　　内化，主要是从动脑、动心、动手的层面，将我们的内容、习惯、模式角色化。周星驰擅长喜剧创作，所以他说话、做事、思考问题，都带着自己的特色。电影里看到无厘头的人物，你就知道这有周星驰的影子。周星驰在电影《功夫》里塑造了许多角色化的人物，包租婆、火云邪神、琛哥、星仔、酱爆等，每一个人物都成了经典。他们此后演其他角色，我们看着都有他们角色化的影子。每一个角色化的人都会拥有自己的信念模型、思维模型、行动模型。

3.内容化

　　内容化包含两层意思：一是用于内容化的方法和策略；二是内容的传播。

　　（1）用于内容化的方法和策略。我们如何将品牌呈现给消费者，让品牌与消费者之间发生关系，让品牌成为不二之选，其中的关键就是内容输出。内容输出也要讲究策略与方法。每家企业、每个品牌无时无刻不在输出内容，但真正能够被消费者记住的有多少？

为什么有的品牌一呈现就让人再也忘不了？有的品牌却让人始终不知道它到底是做什么的？能让人记住的品牌，一般在以下三个方面做得很到位。

第一，标签。人只能记住那些简短的、印象深刻的内容，我们在做事时贴标签，就是为了快速记忆。你有没有被朋友在通讯录这样标记过，如"猴子""幽默张""老乡刘"，特别是在工作中认识的一些朋友，你可能连他的全名一时半会说不上来，但对他的标签却张口就来。品牌要传播，也必须遵循这样的规律，标签化的、简短的、易记的，才是最好的。

第二，故事。人类从故事中传递了文明，故事传承了人类文明的密码。没有人不爱听故事，所以把品牌的内容装在故事里，容易传播，也容易被别人一再讲起。

我们可以使用逻辑方法、各种策略解决问题，但我们要想影响别人、获得别人的认同，将一群人变为一类人，将一类人变为一个人，就必须会讲故事。只有故事才能唤起共情、达成共识，只有故事才能影响别人的认知，让他与你建立关系，与你站在一起。

全世界最有影响力的人都是会讲故事的人。讲故事的人塑造了整个世界看待事物的角度与价值观，决定了我们眼里什么才是最重要的。

我们说讲道理是最没用的，因为道理大家都懂，可能别人懂得比你还多。道理并不能唤起受众的情感，故事却能。

第三，观点。没有观点的内容毫无价值，这个时代就是这样。内容极大丰富，信息爆炸，每个人都可以看到内容，但不一定每个人都能提出观点。观点是表达立场、拉近与用户关系的杠杆。

可以对比下面的句子，感受一下观点的作用。

客观事实：要包容和接纳你的用户。

输出观点：永远不要和用户讲道理，要和用户讲情义、讲感受、讲感性，和用户讲道理的企业最后都被市场淘汰了。

客观事实：企业营销公关时，不要和用户硬碰硬。

输出观点：如果你只和用户讲道理，用户就只会和你讲道理。对用户来说，道理他都懂，他就是想要感受。给用户温度和感受，让他变得感性，问题便会迎刃而解。

每位具有超级领导力和影响力的企业家，都是观点大师。

大多数消费者或粉丝都是感性的，他们在做出消费决策时，也许有理性的部分，但占据主导的绝对是感性部分。即使是刚需产品，如果你让消费者感到不舒服，他也会转身去寻找价格更高的替代品。

而要赢得消费者或粉丝的心，输出内容的最好方式就是输出观点，因为观点才能形成引领。

（2）内容的传播。内容的传播途径多种多样，不管是权威媒体，还是自媒体，都是我们传播内容的渠道。不过，我们一定要积极传播以下两方面的内容。

第一，展示型内容。展示型内容是由我们主动输出的内容，如我们的短视频、自媒体、品牌宣传内容等，以此证实我们的价值和吸引力，通过品牌的主动输出，持续地与用户产生交互和对话，实现展示和主动交互。

第二，背书型内容。背书型内容主要是第三方输出的内容，配合自身输出的内容，如媒体采访、新闻报道、大咖对谈、KOL 的评论、用户的评价、权威媒体背书等，同时也要做自己的主观输出，借由第三方，增加背书价值。

4.知识化

内容越积累越多，繁杂的信息会给人造成一种混沌、看不清的感觉。这时就需要对内容进行系统化总结，形成企业独特的经营知识体系。而一家企业为什么经营得好、懂用户、爱服务，本质上是因为这家企业具备独特的经营理念和方法论。

我在前文提到过，如果一件事你不给出定义，别人就会给出，别人一旦给出定义，你就失去了话语权。本来是你创造出的新概念、新品类、新创意，但别人抢先总结、定义、系统化了，你的成果就被"摘了果子"，悔之晚矣。

（1）经验、体系、案例要知识化。品牌的成功经验、创新体系、知名案例，都要知识化。多年前，海底捞还没有这么大的名气，但其把海底捞的服务理念、运作模式、企业使命等，及时进行了知识化，出版了一本畅销书《海底捞你学不会》，至此海底捞的品牌影响力随之大涨。

（2）知识化是很好的先进性证据，知识化的途径很多，有出版、培训、知识产权注册等。把知识内容系统化总结，把经验落地后，就可以进行培训和传播，把品牌的知识传播出去；也可以通过出版的形式产权化，这一方面可以得到国家权威的背书，另一方面知识产权也可以得到保护。别人使用你的经验和知识体系，溯源时就会回到你这里，就像稻盛和夫把自己的商业经营理念和智慧系统进行总结，输出了《活法》《干法》《阿米巴经营》，从而供很多企业学习。在这个过程中，稻盛和夫就建立了具有绝对体系化的影响力和传承力。

5.三脑合一

内容经过知识化后，就拥有了体系、自洽的逻辑，专业知识和商业逻辑相结合，就能生发出更强大的智慧。所以，企业家输出的内容应该涉及三个板块：专业内容、商业内容、智慧内容。这时就从"器"的层面上升到了"道"的层面，专业内容解决需求问题，商业内容传达经营理念，智慧内容传导人生哲学。这样，一个人的思想就立体化了，任正非、乔布斯等人就是这样的代表。

6.营销公关

通过以上五个层面的布局，品牌的营销公关就会变得轻而易举。所有的营销公关动作，就是在以上这些要素间进行合理的调整和搭配。

5.3 标签系统：抢占非线性记忆

去年 5 月 20 日中午吃了一顿什么样的饭，你还记得吗？

很多人听到这个问题后，会一脸蒙，我连昨天中午吃了什么都想不起来，怎么可能想起来去年某天中午吃了什么？

但我提醒你，去年 5 月 20 日，你和男 / 女朋友一起吃的午餐。你突然拍着脑门说："想起来了，那天中午我们吃了海底捞，还点了首歌给我男 / 女朋友。"

你看，为什么你能记起去年的某个场景？因为人的记忆并不是线性的，而是以感性的图像化内容存在的。就如人一辈子就活那么几个瞬间一样，记忆也只会记住那些特殊的场景。

1.左右脑的功能

人类的大脑由大脑纵裂分成左右两个大脑半球，两半球经胼胝体，即连接两半球的横向神经纤维相连。大脑的奇妙之处在于两半球的分工不同。

1981 年美国的罗杰·斯佩里（Roger Sperry）教授通过割裂脑实验，证实了大脑不对称性的"左右分工理论"，他因此获得了当年的诺贝尔医学或生理学奖。

在斯佩里教授的研究中，他发现人的左脑支配右半身的神经和器官，是理解语言的中枢，主要完成语言、分析、逻辑、代数的思考、认识和行为。而右脑具有接受音乐的中枢，负责可视的、综合的、几何的、绘画的思考行为。通俗地讲，就是左脑负责条理化的逻辑思维，右脑负责艺术性的、直觉的、感性的行为。

人脑储存的信息大多数在右脑中，并在右脑中形成正确的记忆。右脑如同一个书架，书架上分类摆放着不同的图书，每本书都有自己的书名，书中再分章划节层层记述。我们在思考时，左脑一边提取右脑储存的图像，一边将其符号化、语言化。

人的右脑储存的信息量是左脑的 100 万倍，右脑的图形、空间、绘画等形象思维能力是极其发达的。从某种意义上讲，人本身就是感性的动物，不管记忆还是情绪，都是立体的、多层面的。爱因斯坦说自己思考问题时，不是用语言进行思考，而是用活动的、跳跃的形象进行思考。

2.认知大于事实

知道了大脑工作的原理，我们就能看出，形象化的、标签化的、场景化的内容才更适合人脑记忆。相信大家都玩过这样的游戏——你画我猜。尽管对方画技差到极点，但是他只要勾勒出关键标志，你就能准确地猜出他在画什么。生活里，隔着很远，你只是听到有人咳嗽一声，一般就能判断出这是你的哪位朋友。

为什么会这样？

因为在我们的认知中，万事万物都有其独特的标签。我们无须了解其全貌才能识别，而是靠着标签就能快速判断和决策。标签能超越

大多数详细描述，成为我们认知系统中的锚点。就如图书馆的索引系统，凭借字母先后顺序，我们就能准确地找到自己想要的书。

人的大脑也存在一个索引系统，靠独有的标签系统管理人的认知。

下雨天，妈妈和宝宝去逛街，坐在公交车上向外看，宝宝惊奇地喊道："妈妈，好多好多超人。"妈妈看了半天也没有看到超人的装扮，最后才反应过来，原来骑电动车、摩托车、自行车的行人都披着雨衣。宝宝靠着"披风"这个标签，把穿着雨衣的路人都当成了超人。这就是小孩的标签系统，虽然不准确，但已经成形。

标签系统简化了人的认知和决策过程，同样也形成了很多关于大众的认知原理。

因为标签系统的存在，在我们的生活中，往往**认知大于事实**。

比如，你的标签系统认定了骑白马的一定是王子。因为你从小听的故事就是这样的白马王子。事实上，有可能在你面前骑白马的是唐僧。只是你的标签系统已经固化了你的认知，你把唐僧也当成了白马王子。

在我们的生活中，这样的情况比比皆是。乞丐天天讨饭，在他的认知中，他如果是皇帝，讨饭就得拿金碗。在乞丐眼里，当了皇帝讨饭拿金碗这是事实。实际上，这只是他的认知，并不是事实。你认为要想挣到钱，就要天天加班到晚上 12 点，在你的认知里这是事实，因为你相信这个。但在别人眼里，挣到钱的方法有很多种，加班并不一定能挣到钱。事实上，加班与能挣到钱确实也不存在正相关关系。

在品牌打造上，只要你塑造出的人设和标签成为受众的认知，这就是事实。可能你的人设与大家的认知稍有不符，但这已经不重要了。

你是谁不重要，别人眼里你是谁才重要。

3.未知大于已知

受众心中的预期往往会成为他们眼中的事实。京东在刚开始宣布开展自营快递物流业务时，并没有自营的快递网络。但在宣布后，这种未知的预期很快就成为消费者眼中的事实，大家心中都自然而然地觉得京东已经开展了自营物流业务。实际上，直到京东宣布开展自营物流业务之后的很长时间，其自营物流才有了雏形。理念先行，动作跟上，是抢占公众认知认同的好方式。

人对未知的东西会抱有恐惧和忐忑的心态，同时也抱有期待。当期待被引导后，很快就会变成人认知中的事实。营销心理学中有个"虚拟所有权心理"法则，说的就是消费者把未知当事实的原理。

《怪诞行为学》一书中讲到，我们对已经拥有的东西迷恋不能自拔，不仅会给予更高的评价，还会把注意力集中到自己会失去什么，而不是会得到什么，并且对于损失有一种强烈的恐惧。甚至，不只是针对我们已经拥有的东西，对于假想状态下拥有的东西，我们也有这样的感受。

当消费者在心里想象某样东西已经是他的时，他不购买就会产生一种损失的痛感。人潜意识中的损失规避机制是很强大的，感受到损失的痛感，就会做出反应，一定要买下来、占有它。

对于已知的东西，受众是不太敏感的；只有未知的东西才会引起他们的兴趣。

因为标签系统，在我们生活中，往往是矛盾大于和谐。

由于我们的安全感作祟，我们总会把一些偶然的东西逐渐当成必然。比如全世界和平发展的时间长了，大家都会认为这个世界本来就是和谐安宁的。实际上，统计人类历史的发展，我们会发现，大多数时候人类世界都充满了战争和不和谐，和谐安宁都是短暂的。正因为人类习惯于把偶然的、已经拥有的当作必然，所以会在潜意识中忽视这种"必然"，反而对矛盾、突发的事情充满了兴趣。

一条街上人来人往、熙熙攘攘，你每天都经过，所以已经习惯了这种和谐的气氛，并不会对这样的景象有多深的记忆。突然有一天，路过这条街时，你发现有人在打架，并且场面惨烈，你一下子就会产生好奇并产生记忆。一段时间后，你可能记不住那条街有哪些餐馆，但你一定能记住某家餐馆里有人打架、场面惨烈。

从受众能记住这个角度讲，打造品牌时适当追求一些有冲突感的矛盾标签很重要，因为这些矛盾才是受众的记忆点。比如你的标签是"最胖的营销专家""宝妈拯救世界"等，这就给了受众好奇的地方，最胖与营销专家有什么联系吗？营销专家不都是专业、精英形象吗，怎么会最胖？一个弱势群体中的宝妈，怎么能拯救世界呢？一旦受众有了这样的联想，你的标签就会被记忆。

打造品牌，打造人设、标签系统，首要目的还是让人记住并识别。要知道，相比不看好你，更悲剧的是根本没有人看你。被人看到并记住，很重要。

4.14大标签系统

（1）使命标签。企业需要使命，个人也需要使命。使命是支撑一个人执着往下走的动力，有使命的人，内心总有一种力量在召唤他，推动着他往前走。即使有障碍、有挫折，使命也能给人以力量。

君曜FOF创始合伙人梁宁在得到高研院的一次演讲中这样阐释使命：

因为你的使命、你的执着会召唤力量，大山和沙漠都不能阻挡，满天神灵都会来帮你。所以，最强大的不是悟空，是唐僧；最强大的不是技能，是使命。使命是可以撬动增长杠杆的那个支点。

创始人的使命决定了他一生创业的高度，而创始人的使命标签决定了大家对他认知的高度。微软总裁比尔·盖茨（Bill Gates）的使命标签是"让每个人的桌面上都有一台电脑"，所以微软遍布全世界。

任正非说华为的使命就是活下去，其实华为真正的使命是聚焦用户关注的挑战和压力，提供有竞争力的通信解决方案和服务，持续为用户创造最大价值。这一使命也是任正非自己的使命，所以华为即使受到各种打压，也依然努力做出卓越成绩。

使命标签是创始人极高的境界标签，需要慎重设定。

（2）第一标签。对大多数人来说，能真正记住的东西，都是非常极致的东西。比如第一名、第一高、第一位、第一大等。人类历史上第一位登上月球的宇航员是谁？是阿姆斯特朗，回答这样的问题你都不用思考。世界上第一高峰是什么？珠穆朗玛峰。第一款真正的智能手机是什么？苹果手机。

回答类似这样的问题，我们几乎不用思考。因为第一效应在人类的认知中实在过于强大。如果创始人在打造个人品牌时能够塑造出类似"第一××"这样的标签，其品牌的传播价值就会倍增。在这样的思路下，企业就要关注如果多创造一些能给受众第一感觉的事件和行为，这些事件和行为不用必须是雄伟壮丽的，也可以是人间烟火的。

第一个吃螃蟹的是勇士，但第二个吃螃蟹的，没有人关注。我们要么做第一，要么做唯一，一定不能做之一。企业创始人打造个人品牌也是这样的道理，成为第一个提出某种理念的人，成为第一个创造某种新产品的人，都会被大众记住，第一标签从此就会牢牢附着在企业创始人的身上。

（3）语言标签。语言能将一个人从人群中清晰地区别出来。熙熙攘攘的大街上行人无数，为什么你的朋友喊了你一声，你立即知道是谁在叫你？因为他的语言有其特殊标签。

语言标签可以分为两类，分别是语言形式标签和语言内容标签。

①语言形式标签。所谓语言形式标签，就是听声识人。每个人都有特殊的声线和表达方式，这种特殊性如果能强化下来，就会成为一个人的一个亮眼标签。在高德地图的导航中，我们可以选择多种人声，选了林志玲，别人听一句就能识别，因为声音甜美已经是林志玲的标签。选了郭德纲，你就立马有了听相声的感觉。这就是语言的形式标签，它从声音层面让你区别于他人。每个人都有自己的语言形式风格，哪怕普通话说得不标准，也可以成为一种记忆点。

②语言内容标签。所谓语言内容标签，就是口头禅或常用语，已

经成为识别某个人的特殊符号。听到有人说"我可想死你们了"，你会不由自主地就将这句话与相声演员冯巩联系在一起。听到有人说"设定一个小目标，先赚一个亿"，你就会想到王健林。这是语言内容形成的标签，传播效果也特别强大。

打造品牌时，要适当创造一些语言标签，无论特殊的声音还是特殊的口头禅，都非常有利于品牌的传播。

（4）**朋友标签**。俗话说，朋友多了路好走。现代人说，圈子对了，人生就对了。我说，**你是谁并不重要，你和谁在一起才重要**。朋友圈是一种背书，你周围的人是什么样的，你大概率也是什么样的。

同样都是苹果两个字，和香蕉放在一起，它是一种水果；和亚当放在一起，你就认为它是禁果。朋友可以成为一种标签，它展示的是你的实力和人际关系。曹德旺和你是朋友，大家就会给你贴上"有实力""爱国情怀""慈善"等标签，因为曹德旺的人设标签在无形中被大家转移到你的身上。

企业创始人为什么要经常参与社交、论坛、圈子，因为物以类聚，人以群分，朋友的人设标签有可能就是你身上的标签。

值得一提的是，微信朋友圈点赞也是品牌标签的一种。有身份、有地位的人给你发的朋友圈点赞，别人看到了就会自然认为这些人欣赏你。

（5）**情感标签**。情感标签适用于合伙人、夫妻等关系。情感标签是对品牌的一种有益补充和丰富。心里只有事业的人是不招人喜欢的，有情感、有爱恨的人才是接地气的。

人都是容易被感动的，情感标签是软化人心灵的利器。别人可能

不认同你的专业，但他大概率会认同你的温情与温暖。情感标签也是拉近企业创始人与粉丝关系的润滑剂。情感标签丰富的人，其个人品牌具有更强的包容性。这也是那些企业创始人、明星愿意找到自己的爱人、合伙人，传播情感内容的原因。

（6）引领标签。引领标签和第一标签在某些方面有共通性，引领潮流的内容和元素往往都会成为行业第一。比如国潮品牌花西子引领了新国货化妆品的潮流，用中国风的设计赢得了消费者的青睐，所以在国货化妆品领域，它就是具有引领价值的品牌。作为"微信之父"，张小龙对社交软件的每一次发言，都会发挥引领价值。作为知名的投资大咖，巴菲特对市场的观察往往也具有引领性。

（7）金句标签。金句标签非常好理解，就是企业创始人在打造个人品牌的过程中，要有意识地创造一些脍炙人口、容易传播的句子。这些句子能够击中受众的心扉，让他们欲罢不能。金句往往都是让人乐于分享和传播，让人拍手叫绝的内容。

我们耳熟能详的金句，如"为发烧而生""生死看淡，不服就干""理想还是要有的，万一实现了呢""彪悍的人生不需要解释"等。如果你留心，就会发现我在书中也留下了很多值得琢磨的句子。一次演讲、一场论坛、一首歌曲、一本书，被记住的往往都是那些直击人心的金句。你的个人品牌传播，有可能会因为金句而爆发。

我们如何有技巧地创造金句呢？有几种方法，值得一试。

①金句制造法一：反复。

你要相信重复的力量，很多金句往往都是重复使用关键词，通过逻辑性重构，让看似平淡的句子获得金句的"体质"。例如，北京大学的宣传片里有这样一句话"不是现实支撑了你的梦想，而是梦想支撑了你的现实"，读起来是不是特别有韵味。又如，红星二锅头的宣传语"不是害怕离开，而是害怕再也回不来"，"害怕"一词重复了两次，但味道更浓郁。

②金句制造法二：对比。

它是指通过前后句的对比，形成一种反差，在反差中引申出哲理。例如"小孩才分对错，大人只看利弊"，就是通过大人和小孩在看待对错和利弊时的对比凸显哲理性。又如"每场相遇都是侥幸，每次失去都是人生"，读完是不是觉得特别有感觉？通过相遇和失去的对比，凸显人生的偶然性，告诉我们要珍惜，我们一下子就记住了。

③金句制造法三：名言二次创作。

这是一种特别取巧也特别有用的方法，如果你实在造不出金句，那么使用名言二次创作绝对有效。例如，"天涯何处不相逢，哪壶不开提哪壶"等，都是借用名言进行二次创作，可以起到事半功倍的效果。不过也要注意，二次创作是为了更好地表达自己的观点，一定不能胡乱改编，否则只能被受众唾弃。

（8）**身份标签**。身份可以简化成一些标签，如曹德旺是"玻璃大王"，雷军是"雷布斯"等。

身份标签要尽可能地与自己的品牌身份相吻合，一方面可以体现你的行业地位；另一方面可以体现你的特殊价值。如果给自己定义的身份标签与你的个人品牌没有太大的关联，那么这个身份标签就是失败的。

（9）偶像标签。偶像标签与朋友标签在有些地方比较相似，不过偶像标签更多的是给自己树立一个大众都敬仰的偶像，然后努力向偶像学习。受众从偶像身上感受到的东西，自然也会迁移到你的身上。但同时，受众会拿偶像的标准去要求你、苛责你。偶像标签是一把双刃剑，也会驱使企业家更加自律。

在偶像标签中，路径可以是"先像，后成为，再拥有"。偶像往往都是极高的目标，并不是那么容易超越的，那么我们就可以努力拥有偶像的人设、标签等，努力与偶像越来越像。

稻盛和夫比较崇拜王阳明，他知道自己是超越不了王阳明的，所以他就在实践中努力参悟王阳明的心学，努力向王阳明靠拢等。

此外，拥有偶像标签，还能降低受众的认知难度。他们已经认识了你的偶像，再去认识你，就变得容易多了。

（10）特征标签。特征标签往往涉及一个人的动作、穿着等特征。例如知名企业家宗庆后，他在出席重要场合时，都穿着老布鞋，这就是他的特征标签。该标签彰显了他不忘本、朴实的气质。

特征标签是将你与他人区分开来的一个重要元素，不容小觑。

（11）外形标签。外形标签主要是给人的第一印象及第一时间的识别度。

我们将外形标签分为颜色标签、内容的标识化和身体符号。顾名思义，颜色标签就是拿颜色作为识别和区分的关键。比如史玉柱总喜欢穿红色衣服，乔布斯总喜欢蓝色牛仔裤搭黑色 T 恤，这就是颜色的价值。又如对于美团和饿了么，我们根据大街上骑手所穿衣服的颜色就能准确判断他们属于哪一家。甚至有些颜色被品牌给定义了，如爱马仕橙。

第二种外形标签是内容的标识化。内容标识化是综合要素的标识化，与我们之前讲的语言标签、颜色标签等有所不同。比如花西子凭借中国风包装，让大家一眼看到就知道它是花西子。但这种一眼看到是综合性的，涉及颜色、视觉设计、品牌标志等。

身体符号与特征标签类似。我们经常说的明星标签有"大嘴"舒淇、"马甲线"彭于晏等，他们都是因为身体符号而让人记住。

我有一位朋友，之前他的脸上有一颗特别显眼的黑痣，别人一眼就能认出他。但是他对此耿耿于怀，找机会通过手术把黑痣去掉了，结果他失去了一大半粉丝，因为粉丝觉得不习惯了。

我们往往都会觉得，大家都是人，都有一个鼻子两只眼，实际上，**你比你认为的更加不同**。外形符号、特征符号、专业标签都是品牌打造的重要因素。

（12）**话题标签**。话题标签往往是配合着事件而来的，它将其他类型的标签进行了奇观化呈现。通俗地讲，在某些场合下，创始人的表情、语言、身体形态等，会被制作成表情包、视频等进行传播。

很有代表性的如吊环运动员刘洋在做动作时，扭脖子的酷表情被粉丝做成表情包传播，刘洋也因此被更多的人认识。再比如，雷军演讲时的一句"Are you OK?"常被网友做成视频传播，加上雷军极具代表性的声音，我们听到这句话就会想到雷军。中国女子一百米栏选手吴艳妮起跑前标志性的动作成为她的标签，获得了大量关注。

话题标签不是刻意营造的，而是要时刻注意，在合适的场景和事件下，巧妙塑造。

（13）**专业标签**。专业标签是品牌最核心的标签，必须聚焦到极致。专业标签主要是靠专业领域内的硬实力和话语权来打造的，提到价值投资，是不是会想到张磊；提到冲突，是不是会想到叶茂中；提到增长思维，是不是会想到梁宁；提到创始人品牌打造，是不是会想到豹变张大豆。

这就是专业标签带来的价值。专业标签往往极度细分、极度聚焦，它能牢牢占据那个细分领域消费者的心智。只要提起他的专业标签，大家都会认为这个人是专家、是权威。创始人如果能深挖自己的专业，找准专业锚，实现一根针捅破天的效果，品牌的专业标签就建立起来了。

（14）**对手标签**。对手标签很有意思。给对手贴标签，其实就是在塑造自己的话语权，树立自己的正面形象。当对手的品牌标签由你固定下来时，能力强弱自然无须言明。

在商界，给对手贴标签以彰显自己最专业、权威的案例比比皆是。比如，麦当劳曾试图给星巴克贴上"自负的咖啡"这样的标签，以此推销自己的咖啡产品。我们也经常看到奔驰、宝马互相发布与对方品牌对比的内涵宣传片，以此给对方贴标签。给对手贴标签，往往会选择对方最薄弱的环节，用最精准的定位给对手一击。①

同时对手标签也是一种与用户一起定义共同敌人的方式，如演员

---

① 注意这个操作容易引发纠纷，谨慎有度使用。

大鹏的影视作品《煎饼侠》提出了口号：拯救不开心。这里的不开心就是作品要与观众找到的共同对手，一起打败它就成为一种共识。

品牌标签系统的最大价值是让受众轻松、深刻、长期地感受并记住品牌的丰富内涵。14 大标签系统能帮助企业创始人全面梳理个人品牌的丰富性和完整性。在大多数时候，认知是大于事实的，未知是大于已知的，矛盾也是大于和谐的，要想让受众感知并记住你，就必须给他们一个理由，这个理由就是标签。

5.4 信任状：品牌底层算法

何谓营销？

营即营造，就是要用产品和内容构建用户需要的价值。用户需要专业价值，你就要营造出专业实力；用户需要年轻化的产品，你就必须费尽心思设计能彰显态度的产品。消费需求决定营销的走向。

销即销售。销售不出去的东西，价值就无法得到认可和确认。无论销售专业内容，还是销售差异化的产品，核心都是要建立关系、维护关系，然后进行价值交换，获得该有的收益。

营销就是满足消费需求，并促成价值交换，同时产生关系的过程。营销的底层逻辑很简单，就是围绕显性需求或潜在需求，建立关系。营销是一个动态过程，是关系流动的过程。

身在商业社会，生活处处存在营销。大到国家之间的贸易，小到个人的求职创业，都是不同形式的营销。而品牌营销是最高维度的营销，因为它是对用户心智的争夺。

品牌营销的本质是占领用户的心智，占领了用户的心智，用户就会与你成为一类人。一类人有趋同的爱好，有类似的追求，圈层自然形成。品牌营销的最终归宿是成就圈层，使品牌成为圈层的共识。

1.信任状：品牌的基石

人类的大脑天然对陌生信息充满不信任感。一个人见到一件陌生的物件，除了充满好奇，内心更多的是疑问，只有经过接触、使用和体验，才会逐步产生信任。一个人听到陌生的信息，内心的第一个念头是怀疑，然后才会探究、找证据。

人与人之间的交往亦如此，陌生人相见，首先是互相询问、试探，经过互相的了解、合作，关系才会更进一步发展。我们常见的"破冰行动"，往往就是为了陌生人之间的关系找到验证的切口。豹变商学在第一课固定要做的一个动作就是"破冰行动"，学员与学员之间只有经过不断地接触和了解，才能有互相信任的可能。

如果说当下有什么是绝对的刚需，我的答案必然是"信任"二字！

因为信任是关系建立的前提，是品牌立起来的关键。信任是我们最重要的资产。

分众传媒创始人江南春说，人心比流量更重要。因为人心是道、是喜欢和偏爱，获得了人心，才有可能获得市场。

那么，如何获得人心，建立信任？

当然是找到属于自己的信任状。

所谓信任状，就是那些能够让品牌显得可信、可靠、可验证的事实与证据。证据越确凿，信服力越强；事实越客观，信任状越有力。

当你喋喋不休地告诉用户你的产品多么好用、你的个人魅力多么强大时，用户只会越来越怀疑，甚至远离。其实，你只需要向用户展示你的产品有哪些名人用过、获得了哪些奖项、被哪些人"种草"，你个人出席过哪些会议、得到过哪些名人的加持、上过哪些权威的新闻报道、接受过哪些大咖的访谈、出版过哪些著作等。用户自然会被吸引，他们轻而易举就会信任你。

信任状的底层逻辑是，证据和事实越具体、清晰，越权威、客观，越可验证、易体验，产品和个人品牌就越可信，信任就越牢固。

信任状的表现形式有很多，有人总结为三类，分别是可自行验证的事实、品牌的可信承诺和权威第三方证明；有人则总结为10类，包括官方认证、奖项与荣誉、用户评价、销量数据、专家意见、媒体报道、历史传承、合作伙伴、社会责任和用户案例。在豹变体系中，14大标签系统呈现的就是品牌最丰富、全面的信任状。

信任状是品牌营销的底层，不是简单照搬就能获得的，必须基于品牌的基因，不断创造有价值的、可验证的证据，信任才能一点点积累。我们必须明白的是，信任状都是用户自己通过证据推论出来的，不是我们告诉他们的。当用户进行逻辑推理时，他们就是在建立自己对品牌的信任。

2.STEPPS法则：构建个人影响力的关键要素

在《疯传：让你的产品、思想、行为像病毒一样入侵》一书中，沃顿商学院营销学教授乔纳·伯杰（Jonah Berger）将产品和思想能够流行起来，形成刷屏式、病毒式传播的原因归纳为六个关键词，分别是社交货币（social currency）、诱因（triggers）、情绪（emotion）、公共性（public）、实用价值（practical value）、故事（stories），并将其称为STEPPS法则。

STEPPS法则是产品和思想传播的底层逻辑，也是构建个人影响力的关键要素。每个能够刷屏的事件背后，都能使用 STEPPS 法则进行分析和解剖。

（1）社交货币。所谓社交货币，在《疯传：让你的产品、思想、行为像病毒一样入侵》一书中是这样定义的：就像人们使用货币能买到商品或服务一样，使用社交货币能够获得家人、朋友和同事的更多好评和更积极的印象。

通俗地讲，凡是能够得到别人关注、评论、点赞、转发分享的行为，都是社交货币。社交货币可以作为评价对方的重要因素，是个人品牌时代的硬通货。无社交货币的人，就谈不上个人品牌。特别是在圈层化、年轻化的消费者群体中，社交货币的价值更为凸显。

我们构建时尚、前瞻、有内涵、有趣的形象和内容，迎合受众的需求，并塑造出他们渴望的形象，让受众愿意和我们站在一起，我们就能获得流量与信任。我们创造一些打动人心的金句、段子和"梗"，这些内容成为受众口中的谈资，能帮助他们表达思想、塑造形象，这样的内容就是社交货币。

要想让内容呈病毒式传播，就必须使内容具备社交货币的特性，如时尚、前瞻、有内涵、有趣，能塑造出受众渴望的形象。内容能成为社交货币，也必须是去中心化的。自媒体时代，具备亚文化特征、去中心化传播的内容，更有可能成为社交货币。

（2）诱因。提到孙悟空，你能想到的就是敢做敢干、不拘规则的形象。提到猴子，大多数人会不自觉地想到香蕉，这就是诱因联系。我有一个做礼品水果的学员，其品牌名字叫作"采果猴子"，主打高端水果礼品。别人听到这个名字，会很自然地联想到水果，其内部逻辑也是诱因联系。

如果能让受众把某个内容与自己生活中的场景自然地联系起来，其自然就能产生记忆和熟悉感。将我们的产品和个人品牌与这样的内容融合、做关联，当受众在某个环境中接触这个内容时，就会联想到我们的产品和个人品牌。而超级品牌一定会引起超级传播。

诱因联系的关键是要塑造可供联想和关联的场景。坐在图书馆认真阅读的照片，往往与知识和学习有关。如果你的个人品牌是服装形象定制专家，而你传播的照片没有出现在服装展示的场景下，却总是着装随意、照片背景杂乱，受众自然无法将你与服装形象定制联系起来。有些创始人在打造个人品牌时，往往忽视了场景诱因，致使场景与品牌内容风马牛不相及，品牌自然无法获得受众的认可。

为什么短视频、直播能爆火，因为它们都在塑造最丰富的场景。场景是最快、最直观触达用户心智的载体，能承载个人标签、表达生活方式，能衍生各种可能、满足消费体验。

此外，诱因对受众的刺激要有一定的频率，要尽可能出现在大家的日常生活中。低频次的诱因刺激，对营销也是不起作用的。

（3）情绪。情绪是营销的不二法门。人是情绪动物，不能唤起情绪的内容，毫无价值。

人的情绪有积极和消极之分，不论唤起哪种情绪，都能引发内容的传播。正如每隔一段时间就会有"逃离北上广"的内容在全网传播，这样的内容不定期出现，但每次出现都能刷屏，就是因为它唤起了大家的情绪。例如每到年底，就有思乡、回家、相亲等内容传播，这样的内容常传常新，因为它能唤起情绪。

不过，在传播中，消极情绪往往会破坏人们分享内容的欲望，也会影响整个社会的情绪氛围，所以在营销过程中尽量不要触及消极情绪，而是要选择那些能激励人们积极、向上的内容。在积极情绪的影响下，人们会积极分享内容，主动传播。

一句"我见过凌晨三点钟的北京"，就能唤起那些努力奋斗、拼搏，为梦想而努力的人的情绪。人都是感性的，所以情绪并不一定就是客观的，但正是这种可能不客观的情绪，影响着人们的行为和选择。

《孙子兵法》有云："道者，令民与上同意也，故可以与之死，可以与之生，而不畏危也。"情绪就是道，是受众能与你的品牌站在一起的法门。

（4）公共性。模仿和从众是人无意识的行为。特别是在群体中，人们往往会模仿别人，追随自己的偶像。所以在营销传播中，具备公共性的内容往往更容易传播。

公共性的内容往往具备可视化特征。

可视化，即内容能够低门槛地被受众看到、观察到。只有内容被观察到了，受众才有模仿的可能和冲动。特别是在流行音乐和时尚圈，这个特征更明显，一首人人都能唱的歌，很明显就能在更大范围内传播。如果内容门槛过高、难度过大，受众看不懂、无法模仿，自然就无法传播。

专业相机的门槛过高，大众不容易学习，所以无法普及。但美颜手机让人人都可以拍出漂亮的照片，所以被大范围普及。当下很多产品在研发和设计时，都会尽可能地考虑大众容易接受、不用学习就能使用。

例如在内容传播过程中，很多创始人都喜欢用这样的句式"我是谁？我们为什么而奋斗"，这样的句式不仅简单易懂，还有画面感，是典型的具备公共性的内容。

在进行公共性思考时，要注意的一个重要内容是长尾效应。

所谓长尾效应，就是如果市场需求呈正态分布，那么正态曲线中间的凸起部分被称为"头"（主体），而两边相对平缓的部分被称为"长尾"。"头"代表的是公共性的、共同性的主要需求，而"长尾"则强调"个性化""小利润大市场""细分市场"等。

在互联网经济中，产品的展示成本无限降低，长尾效应将更加突出。我们提供的任何一样东西，在足够长的周期内，都会有人买。个性化、小众化的产品在精准用户圈层中，就是畅销品。生产者和消费者的界限在逐步消失，生产者和消费者的身份在不同的场景下会随时转换。

个人品牌也是同样的道理，不管多么小众、细分的专业化内容，都会吸引对此有兴趣和需求的人关注，如王者荣耀中某个角色的技能怎么使用，有人专门输出这样的内容，就会吸引很多的人关注。当然，关注某个细分领域内容的用户，他大概率在自己的领域内也不断产出内容，既是消费者，也是生产者。

我们不用担心自己太小众化的内容找不到精准用户，在长尾效应下，我们输出的任何内容，都会在时间的尺度上获得价值。

（5）实用价值。我们常说，有用的东西才实用，有用的信息才有价值。

这里的有用，即实用价值，就是受众能够用得上、能产生分享冲动的信息。例如，健康类、生活类信息往往被很多人分享和传播，金句、笑话类内容也更容易被大家分享和传播。

我们的品牌无一不在满足用户的生活需求、情感需求、认知需求、应用需求、猎奇需求等，只要我们的品牌内容能够帮助用户解决生活需求，节省时间和钱财，让他们获得情感愉悦，帮助他们得到能力提升，那么它们就是极具实用价值的。而具备实用价值的东西，都有可能被大规模传播。

为什么这些年知识付费变成了大家的刚需？就是因为知识类内容帮助我们解决了部分专业性问题，帮助我们节省了时间和钱财，让我们的能力得以提升。它们是实用的，我们自然就需要。

（6）故事。孩子是最爱听故事的，故事给了他们最辽阔的想象空间，帮助他们认识这个世界。在每个人的成长过程中，故事构建了他理解这个世界的逻辑，爱听故事是人的天性。所以任何品牌内容，都应该注入故事，通过故事扩大传播范围。

构建自己的故事系统是每位企业创始人的刚需。如果我们想影响别人的选择，那么故事永远都是必选项。

我想说的是，能做好企业品牌的人，必然是会讲故事的人。我们的生活本身就是一个故事，我们每天都在讲述故事。

第 6 章

隐性关系：

品牌价值放大器

发现关系就是发现用户价值，你的存在对他们有什么价值，就决定了你们的关系。找到价值，一切水到渠成。

6.1 冲突的力量：积极应对，转危为安

喜欢吃川菜的人，应该吃过或听过麻六记。

麻六记是由汪小菲于 2020 年创立的川菜品牌，其母公司为北京麻六记餐饮管理有限公司。麻六记主打传统川菜，包括毛血旺、辣子鸡、水煮鱼等菜品，并在传统菜的基础上进行微创新。

2022 年，因家庭纠纷，汪小菲、张兰频频出现在热搜榜上。在网络上，各种言论纷至沓来。汪小菲和张兰刚开始苦于一些负面舆论，不知道如何处理。但很快，汪小菲的真诚、感性、直率感动了消费者，一些负面舆论自然就消散了。

2022 年 5 月，汪小菲在直播间诉苦，受新冠疫情影响，北京和上海的门店无法开业。张兰也在直播间透露，已关闭 4 家上海门店，每月亏损 200 万元。

这本来是一次比较正常的诉苦行为，谁知道，经部分媒体捕风捉影，演变成"汪小菲和他的餐饮要倒闭了"。汪小菲站出来很真诚地辟谣，表明做好实业的决心。再加上张兰的支持，麻六记的危机很快就过去了，并且赢得了更多消费者的喜欢。当年 10 月到 11 月，张兰的粉丝数量增加接近 260 万，而麻六记的酸辣粉趁着这几次的热度成了大卖单品。

很多时候并不是品牌本身出现了问题，而是品牌与消费者之间的关系发生了变化。

1.有支持的人有力量

在第一章我提到过"262法则"，分析过粉丝的构成。对大多数品牌来说，获得20%的忠实粉丝的支持，这是基本盘。品牌应该努力去争取的是那60%的路人粉。一旦改变了路人粉与品牌的关系，品牌获得的支持就会大不相同。

如果品牌在处理关系方面缺乏经验、不够真诚，路人粉很可能会对品牌产生疑惑，有可能就变成了黑粉。麻六记在这方面显然比较有经验，作为有名的创业者，张兰本来就有粉丝基础，有一定的影响力。创始人汪小菲能在品牌出现负面新闻时，真诚、坦率地面对粉丝的疑问，自然就获得了更多粉丝的支持。在当时的形势下，很多品牌创始人都开始给员工降薪、哭穷，甚至关店。张兰却站出来直播卖货，汪小菲坚定地做好实业。

这样的态度无疑给品牌带来了更多的支持，让对品牌无感的路人粉变成忠实粉丝，这种关系的改变带来了品牌的力量。

2.有对抗才有出手的机会

很多品牌或创始人都有一个错误认知，那就是极为害怕品牌出现负面消息，极为害怕出现黑粉。

其实，大可不必。越害怕负面消息，越害怕黑粉，就越会束手束脚，甚至会用一些错误的方法去掩盖负面消息。最后的结果，当然是忠实

粉丝都开始怀疑品牌了。

祸兮福所倚，福兮祸所伏。出现负面消息时、出现粉丝对抗时，也正是品牌四两拨千斤的机会。

2024年，关于预制菜的争论冲上了热搜。有人在网上质问老乡鸡："你们到底是不是用预制菜？"很多品牌在面对这个问题时，支支吾吾，不正面回答。老乡鸡在面对这个一度引发行业危机的问题时，没有回避，采取了极为真诚的态度。他们发布了《菜品溯源报告》，自曝"当前正餐菜品中，餐厅现做占比70.6%"，并且在餐厅公示正餐菜品的加工方式分类，以颜色作为区分。

这一举动一时博得不少网友的好感。老乡鸡正面面对问题的态度改变了粉丝的态度，提升了品牌形象，在行业内起到了示范作用。

6.2 立场银行：没有立场，就没有市场

在讲到英雄主义时，我提到，商业中的英雄主义就是站在别人的立场上，替别人讲他想讲而不能讲的话。立场决定了关系，也决定了要讲的话。

不在同一立场上，就可能产生对抗关系。站在同一立场上，就是人心所向。

在过往的经验中，很多品牌和企业家总是习惯于说一些模棱两可的话，说这个是对的，那个也没错，从来不敢说出自己的态度和立场。在如今的商业环境中，没有立场的品牌，就无法获得支持。

为什么很多商业主播会赢得大量的粉丝，获得粉丝的鼎力支持？本质上是因为这些商业主播清晰地表明了自己的立场。

1.立场与市场

有了立场，就有了关系。有了清晰的立场，就能赢得人心。

做了别人想做而不敢做、敢做但做不好的事情，一个人就会赢得大家的尊重和支持。

小到商业主播，大到企业品牌，甚至是国家，有清晰的立场，才会获得强有力的支持。有了立场，就需要清晰地捍卫立场，于是就有了对抗者，但这不是我们模棱两可的理由。

市场上不存在左右逢源，赢得一部分粉丝的支持，就必然失去另一部分粉丝。黑粉也有黑粉的价值，对抗就有对抗的机会。

这个时代，模棱两可的人是没有机会的，没有立场就是最大的危险。要么让优点成为最大的亮点，要么让缺点可爱至极，个性鲜明才有人爱。

2.重新理解以用户为中心

以用户为中心，没有那么花哨的东西，本质上就是永远都毫不犹豫地与用户站在一起。

在人际关系中，什么样的朋友才能被称为铁哥们？就是那种毫不犹豫地与我们站在一起的朋友。我们有事，铁哥们会毫不犹豫地往前冲。我们有难，铁哥们会第一个站出来顶在我们身后。这样的人，大家都渴望遇到。

同样，品牌也是一个道理。当用户遇到困难时，品牌第一个站出来帮忙。当用户需要表达观点时，品牌毫不犹豫地站出来表达支持。

小米手机的粉丝之所以黏性高，一方面是因为小米给了部分粉丝参与感，让粉丝感受到了尊重；另一方面是因为小米在日常服务中能及时响应粉丝的需求，积极支持粉丝，遇到事情，能号召大家一起去支持粉丝。

有立场，懂得与用户站在一起的品牌，都是以用户为中心的品牌。

不管是运营私域，还是做用户经营，本质上都是努力将粉丝变为"自己人"。

企业和品牌能不能做成，在于能不能拥有"自己人"；企业和品牌能不能做大，在于能不能拥有很多"自己人"；企业和品牌能不能做久，在于能不能持续获得"自己人"。

3.危机公关时的立场

品牌出现公关危机时，并不是品牌本身猛然间出现了多大的问题，本质上是品牌与消费者的关系发生了变化。当原来的支持变成了质疑和对抗时，市场关系就危险了。但很多企业并不懂如何处理危机。

公关最重要的一条原则是，你要通过公关解决问题，而不是争论问题。

面对消费者，品牌表现出来的态度和解决问题的立场很重要，而不是为了争论具体的事实与消费者进行辩论。事情都已经发生了，品牌反复回顾细节、反复辨明事实，消费者就会在品牌的引导下不断关注已经发生的事情。事实上，消费者对事实并没有那么关心。

品牌进行危机公关的目的是什么？是让消费者深刻记住已经发生的事情，还是让消费者淡忘已经发生的事情？很明显是后者。只有消费者忘记负面事件，品牌才有机会修补自身与消费者的关系，挽救口碑危机。

当出现负面危机时，品牌不要试图去向公众讲道理，讲道理是最没有效率的方式。特别是当发生公众危机时，安抚情绪、表达解决问题的立场是第一位的。

永远不要在 A 和 B 中争论对错，你要解决的是 C 的问题。

6.3 价值供应链：好关系的源头是价值供应链

有朋友对我说，他发现自己大部分的用品都是从同一个主播那里购买的，说不清什么原因，只要那个主播直播，他就要去买几件。

很多人没有发现，现在的商业关系已经发生了巨大的改变。

1.价值交换完成，关系就结束的时代过去了

在传统的商业活动中，你购买了一件商品，在短短的几分钟里，你和商家是有关系的。但是在钱货两清后，短暂的商业关系就此结束。

如今的流量越来越稀缺，商家与消费者的关系不再是一次性关系，商家要想方设法地留住消费者，让他们多次复购。

所以有了粉丝经济、私域复购，以及大主播带货。

过去，商业行为结束，关系就结束了。

现在，商业行为只是开始，商业的价值链被无限拉长。

2.品牌的价值供应链

一开始，商业交换是为了满足我们的物理需求。我们购买商品，是满足最基础的生活、生产、工作需求。比如购买大米，是为了满足生存需求；购买书和笔，是为了满足学习需求。这些基本的物理需求，是最原始的商业推动力。

当消费者基本的物理需求得到满足后，就会有额外的需求，如购

买大米时想要知名品牌的大米，购买笔时想要名牌笔。这时的需求融合了物理需求和精神需求。

如今消费者已经不再满足于物理需求和初级的精神需求。因为市场上几乎所有的产品，都能满足这样的需求。在产品都很优质时，消费者更乐意挑选那些个性化的产品。

何谓个性化？比如，该产品的代言人是我喜欢的明星，该产品就是个性化的；该产品的创始人是知名博主，其价值观和我同频，就是个性化的；这个品牌说出了我想说但不好说的话，这就是个性化的。

可以看到，消费者的需求已经变得更加复杂，只有品牌的价值供应链更丰富，他们才会选择该品牌。

品牌的价值供应链包含：物理价值、精神价值、人格匹配、价值同频、立场鲜明等。

观察那些商业大主播，无一不是这种价值供应链的集成者。消费者在主播的直播间能够买到质优价廉的产品，感受到主播的耐心讲解，获得主播的精神陪伴，还能够听到主播说出自己想说而没有说出来的话。

如此全方位的满足，自然就能迎来高复购、强支持。

6.4 稀缺感：品牌动力的本质

很早之前听过这样一种说法：全国各地好吃的面，不管是炸酱面、刀削面、油泼面，还是打卤面、烩面、阳春面，面条筋道、好吃是标配，但最能让我们念念不忘的，其实是面的"添头"。酱好不好吃，决定了炸酱面好不好吃；汤头好不好吃，决定了烩面好不好吃。

"添头"变成了食客选择这碗面的关键理由。一些老字号之所以获得食客的优先选择，本质上还是由"添头"决定的。

同理，**在商业选择中，消费者优先选择某个产品背后的逻辑，是由产品的附加值决定的。**我多次提到，如今的商业社会，产品的品质优良已经是标配，品质不过关的产品早已没了市场。

物理满足已经不是驱动消费的核心，而是标配。在真正的高维竞争中，让用户找到人格匹配感，更加重要。

每个品牌都要考虑的一件事是，因为品牌的存在，让用户除了产品，还拥有了什么？拥有了稀缺性，拥有了附加值，这就拥有了高于产品选择品牌的理由。

今天的市场真相是，我选择你的产品，但与产品无关。在我们讲的马斯洛需求理论中，认知需求、审美需求、自我实现需求、超越需求，都是当下市场需要努力去满足的，是商业附加值的核心竞争点。

品牌如何才能从众多竞争者中脱颖而出呢？当然是**塑造附加值**。

附加值涵盖的范围很广。

比如设计美观大方的产品，可以增加吸引力。公牛插座曾一直占据国内市场的极大份额。有一天，小米生态开始做插座了，消费者发现小米生态设计出来的插座美观大方，充满了艺术气息，基本的性能也很好，所以大家纷纷开始使用小米生态的插座。公牛插座感受到了危机。

比如用户服务非常好的产品，能赢得用户的优先选择权。海底捞以服务见长，创造了稀缺性，服务好成了它的附加值。

比如情感联结，品牌通过讲述故事、品牌历史等方式与消费者建立情感联系，可以增加产品的附加值。

比如我们讲的品牌关系，就是品牌的附加值。品牌通过改变与消费者之间的关系，赢得消费者的情感认同，进而产生信任与依赖，消费者的优先选择权自然就给了品牌。

可以说，我们吃面贪恋的并非那碗面，而是那份"添头"。消费者在做消费决策时，贪恋的并非产品的好用、耐用，而是那份附加值。品牌关系就是那份"添头"。

无论我们之前提到的天意、算法，还是人格化、创始人品牌，只要是关于品牌的、能改变品牌关系的元素，都是独一无二的，它们都能制造出稀缺感，是品牌缺一不可的附加值。

6.5 三角平衡：产品、企业与消费者关系

朋友购买了一款新能源汽车，我问他这车怎么样。他回答说："挺好的，特别是 ××（这款车的创始人），非常有意思。"

朋友的这个回答非常耐人寻味，同时也道出了一个商业逻辑，那就是创始人的个人品牌会影响消费者对产品的体验。一款产品的体验如何，并不完全取决于产品本身，其创始人的个人品牌、企业品牌影响力等，都会左右消费者的体验。直白地讲，就是有无形的东西悄然改变了消费者的心智，消费者的体验有可能是修正后的体验，并不是初始体验。

如何才能悄然修正消费者的体验呢？当然是做好、做大个人品牌。

1.三角动态平衡模型：产品、企业（创始人）与消费者

如果将产品、企业（创始人）和消费者看作三角形的三个顶点，他们彼此之间的关系值（范围为 0 ~ 100）看作三角形的边，那么当产品、企业（创始人）和消费者之间的关系处于平衡状态时，这个三角形就是等边三角形，其状态是完美的。如图 6-1 所示，我将其称为三角动态平衡模型。

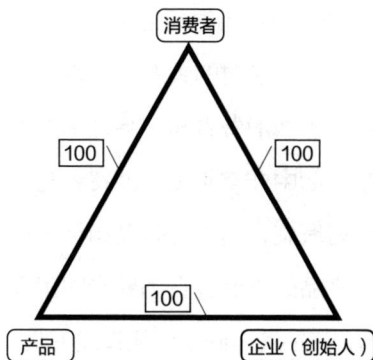

图 6-1　三角动态平衡模型

　　在图 6-1 中，一旦某两个要素之间的关系发生变化，这个三角形
的平衡状态就会发生变化。比如产品的品质有瑕疵，导致消费者对产
品的满意度降低，那么消费者与产品之间的关系线就会弱化，三角形
的平衡状态就会被打破，如图 6-2 所示。

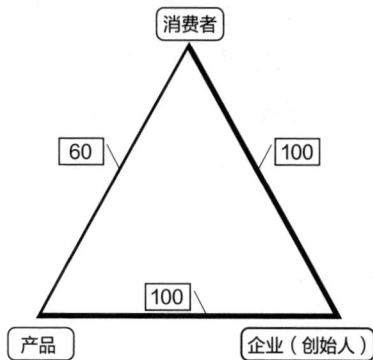

图 6-2　不平衡的三角动态模型

图 6-2 中因为消费者与产品之间的关系弱化，三条边的总值从平衡状态的 300 变成了 260，这时的关系是不稳定的。如果消费者将注意力只放在产品本身，那么消费者与产品之间的关系线很有可能会崩断。这种情况在日常生活中非常常见，消费者与企业之间的关系以产品为纽带，一旦产品有瑕疵，消费者就会纠结于产品本身的好坏，将注意力放在产品上。产品的小瑕疵在消费者眼里会变成天大的缺陷。如果不解决这个问题，产品的口碑就可能直线下跌。

但问题是，**任何产品都不可能是完美的，瑕疵是产品的另一面，没有一款产品是没有瑕疵的。**企业如何才能满足挑剔的消费者？是完全消除产品的瑕疵吗？这几乎是不可能完成的任务。

那么，企业该怎么办？

别忘了在三角动态平衡模型中，消费者与企业（创始人）之间还存在一条关系线。如果企业（创始人）的个人品牌足够强大，就会分散消费者的注意力。当消费者在心理上认同企业（创始人）个人品牌传递的理念、态度、价值主张等，他们就会对产品的瑕疵更加包容。我在人心杠杆中提到，**消费者一旦接受了你的个人品牌，他们就会产生宽容心、爱护心，这时产品的瑕疵在消费者眼中好像也没有那么严重，也可以被接受。**如果能达到这种效果，消费者、产品和企业（创始人）之间的关系就会趋于稳定，如图 6-3 所示。

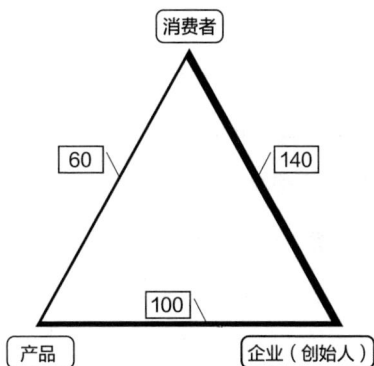

图 6-3　重新被平衡的三角动态模型

　　在图 6-3 中，三者的关系总值恢复到了 300，关系依然是稳定的。消费者在产品上损失的体验值，在企业（创始人）这里得到了强化，他对于体验依然是满足的。

　　懂了这个模型，你就会发现其实消费者追求的是体验的结果，他们并不会过于关心这个体验结果是如何得来的。你的产品可能没有同行的好，但你的个人品牌比同行的强大，你输出的内容让消费者感到满足，那么你在整体上就比同行厉害。

　　消费者只要得到他想要的体验就够了，并不关心体验是由哪些部分构成的。我们可以通过修正关系值给予消费者足够满意的体验，这样我们就赢了。

　　产品并不是我们全部的王牌，个人品牌也是我们竞争力的一部分。创始人为什么要做个人品牌，这个模型算是一种回答。

2.平衡手：好的创始人都是平衡高手

一位极成功的企业家说过这样一段话，大意是成功的企业家并不是产品能力最好的，也不是业务能力最好的，更不是财务能力最好的。企业家都是平衡高手，能平衡好企业与产品的关系、企业与消费者的关系、企业与社会的关系、产品与消费者的关系……

我深以为然。

上面讲到的三角动态平衡模型只是简单分析了产品、企业（创始人）与消费者三者的关系，这种平衡关系还可以拓展到商业的多个领域，能产生关系的要素之间，往往会产生一种动态的平衡。创始人最大的责任就是将各种关系保持平衡，这样企业就能做大做强。

打造创始人品牌，为什么要分析创始人的基因，为什么要构建人设，为什么要打造内容，为什么要会讲故事？因为这些都是影响消费者体验、平衡关系的关键要素。当企业创始人能够如围棋高手一般运筹帷幄，布局合理，将各种关系掌握在手中，商业就变得简单而好玩。

特斯拉经常被曝出各种设计缺陷，甚至是安全问题，为什么还有那么多人趋之若鹜？因为马斯克的个人品牌在发挥强大的作用，他让消费者相信，产品存在的瑕疵都是暂时的，都是可以解决的。他让所有粉丝相信，大家要一起改变世界，产品本身并没有那么重要，价值观和态度才重要。

人心如棋局，创始人都是棋手。如何赢得人心，靠的并不是一个棋子，而是整体的运营，优秀的企业创始人都是运筹帷幄的高手！

第 7 章

品牌灰度：

无知和不确定的魅力

我们拥有很多常识，如非黑即白、凡事追求完美，如成功者要做大事……这些常识在某些情形下是对的，但有时又是错的。常识并不是真理，世界上并不是只有黑和白，不确定性带来的除了恐慌，还有可能是巨大的机会。顺着基因的指引，用心构建良性关系，品牌会更有魅力。

7.1 不完美才完美：完美的脆弱

这个世界上存在完美吗？

你有你的答案，我有我的想法。如果说这个世界上存在完美，那么为什么我们对完美孜孜以求而不得？如果这个世界上不存在完美，那么完美主义者在追求什么？

假设这个世界上存在一个完美的宝盒，这个宝盒里装满了最珍贵的宝藏和智慧。因为它是完美的，所以我们找不到任何切入口能打开它。打不开，自然无法一窥其中的美妙，所以它在我们眼里是有缺憾的。对于这么完美的盒子，总有人充满好奇，想要通过各种办法打开它一探究竟。只要有人打开了这个盒子，那么它就不再完美。

这是一个悖论。

完美无缺的东西正因为它完美，有时是危险的。完美的东西，会因为完美而招来灾祸，因为有人想着毁掉这种完美。即使没有人毁掉完美，但"日中则昃，月盈则亏，天有孤虚，地阙东南，未有常全而不缺者"。

这个世界的奥义就是不完美，不完美是常态，完美才是偶然。正因为不完美，我们才有动力去追求和改善。我们的世界里并不存在完美的人，如果有，那么肯定是假的。

王阳明在《教条示龙场诸生》中提道："夫过者，自大贤所不免，然不害其卒为大贤者，为其能改也。故不贵于无过，而贵于能改过。"为人做事，不是事事都能如意，即使圣人也不能除外，但只要不断追求完美，享受过程，这就是完美的。

1.完美思维陷阱

数学家、哲学家库尔特·哥德尔（Kurt Gödel）提出哥德尔不完全性定理，很多人可能没有听过。哥德尔不完全性定理有两个部分：第一定理说，任意一个包含一阶谓词逻辑与初等数论的形式系统都存在一个命题，它在这个系统中既不能被证明为真，也不能被证明为否；第二定理说，如果系统 S 含有初等数论，当 S 无矛盾时，它的无矛盾性不可能在 S 内证明。

是不是看得一头雾水？看不懂就对了。通俗地讲，哥德尔不完全性定理说，我们永远不能发现一个万能的系统定理去证明一切数学问题。

每个系统，只要它是自洽的，它就必然是不完整的。我们只要仔细想一想，生活里如果一件事情太完美，那么它必然有问题。明星从表面上看光鲜亮丽、精致完美，但他们也要生活，也要经历鸡毛蒜皮的生活琐事，这就是不完美的。

如果我们面前出现了一个完美得无可挑剔的品牌，那么这个品牌肯定有问题。同理，如果我们在塑造品牌时，总去追求完美，那么我们免不了被不断质疑。

2.不完美，才有人情味

喜欢漫威电影的人，一定对漫威英雄的优点和缺点了然于心。比如钢铁侠，他在城市要毁灭的紧急关头，毅然决然地抱着核弹冲向云端；他面对实力强大的灭霸，即使铁甲被粉碎也顽强抵抗。他是大家心中的高智商铁甲英雄，有着强烈的责任心和正义感，面对困难从不逃避。但他也有很多缺点，偏执、焦虑、完美主义、孤独、花花公子、永远长不大等。

漫威的英雄都有这样的特点：一半是英雄，一半是凡夫俗子。这样的英雄才有人情味，才值得我们去喜欢。假如钢铁侠失去了他的那些缺点，你会瞬间觉得他只是一个高大上的假人，失去了想亲近他的意愿。一个人只有把他的缺点暴露出来，才会让别人对他产生保护欲、宠爱心。

在影视剧中，一个浑身毛病、惹人讨厌的角色，在紧要关头舍命保护了路人，或者在关键时刻担当了一份责任，你会瞬间觉得这个人也没有那么讨厌，甚至还有些同情他。而一个十足的大好人，他只是因为忍不住而悄悄折走了公园里的花，你就立马在心里给他判了"死刑"，觉得他所有的好都是装出来的。

为什么会这样？

因为太过完美的东西，总显得那么不真实。

完美的东西，落不了地。消费者想要的是人间烟火，不是缥缈的天上仙境。

水至清则无鱼，人至察则无徒。完美的人，是没有追随者的。

3.有温度的人，才有人喜欢

很多人在塑造品牌时，会陷入一个错误的陷阱，那就是拼命塑造完美人设。恨不得扶老人过马路，都必须是穿着西装扶过去的。这样的人设完美吗？当然完美。但有用吗？没多大用，却会给自己挖下陷阱。反而是展现优点与缺点，构建出完整人格体的人，最受大家欢迎。因为你的缺点暴露在大家面前，大家才有了你的"把柄"，才会更信任你。

世间万物，总有好的一面，也有不堪的一面。

对别人，对自己，都不要有精神洁癖。惹人喜欢的东西，总会缺那么一点。花未全开月未圆，才是人间最美的时刻。曾国藩说："物生而有嗜欲，好盈而忘阙。"

观察我们身边那些风格突出的人，反而是巧妙地将改不掉的缺点转换为特色的个体。投资人徐小平讲话时容易情绪激动，这反而成为他的标志性符号。听到他的声音，你就知道他是徐小平。雷军的英语表达极具个人特色，"Are you OK?"成了众多粉丝喜欢他的理由。

任正非那么忙，为什么还有下飞机独自排队打车的照片传出，因为这是任正非的另一面，他可以叱咤风云，但也遵守规则，像普通人一样经历生活的琐事，这些都构成了他完整的人格。

很多企业创始人总觉得要把自己最完美的一面展现出来，努力把缺点藏起来，实际上这只是从自己的欲望出发，而没有考虑粉丝的需求。他们需要的是一个完整的人，一个既有优点也有缺点、有血有肉的人。

让优点可敬，让缺点可爱，这才是充满烟火气的、血肉丰满的品牌。

7.2 小处见大：事儿很小，影响却很大

一位朋友好久不见，见面时我问他，最近干什么呢？他说，正铆足了劲，准备干大事呢。你的身边有没有这样的朋友？

其实，我们身边有很多人都是这样的做事风格。他们总觉得做一件事，需要铆足了劲，干出一番轰轰烈烈的成绩才对得起自己，总是自诩要干大事，却对小事视而不见。

殊不知，这个世界上并没有绝对的大事或小事。我们天天等着点睛，最后却发现没有人画龙。

对于打造品牌这件事，哪个环节是大事？哪个环节是小事？是说不清楚的。往往一个小细节会引爆整个品牌，流量暴增，声名大噪。有时大事铆足了劲，反而没有激起一点儿浪花，这是什么原因导致的？因为你没有给自己放置礁石，礁石就是小事。有了礁石，浪花才有产生的基础。

对于打造品牌，我们要明白以下三个最简单的道理。

1.世上事，无绝对大小

不要觉得做好了你眼中的大事，就万事大吉了。小事不做，大事也难成。浙江台州的一家餐饮店主打现钓鱼，就是说端上桌的鱼都是拿鱼竿一条条钓上来的。但是不管鱼多么新鲜，多么费时费力钓上来，食客吃完鱼感觉不到和其他鱼有什么区别。老板急得团团转，不知道

以什么样的方式才能让食客感受到这份独特。我们就给了建议，在将鱼端上桌时，不要去掉鱼嘴上钓鱼的钩，同时还要留一截鱼线，如图 7-1 所示。就因为这样一个小小的细节变化，食客的潜意识被改变了。端上桌的鱼，再也不需要服务员苦口婆心的解释，食客一看就明白，这鱼是钓上来的。

图 7-1　现钓鱼的细节变化

　　什么叫于无声处见真功夫？这就是。一个鱼钩，一截鱼线，就起到了四两拨千斤的作用。这个细节是小事吗？的确是小事，但它发挥的价值却是大事比不了的。

2.先做再想

　　做品牌，不要临渊羡鱼，而要下场撸起袖子加油干。法无定法，打造品牌也没有一条通用的路可以抄袭。每个创始人的基因不同，打造出来的品牌自然各有差异。先做起来，按照基本的底层逻辑先实践，再优化，就是所谓的小步快跑，不断迭代。**坐着想是没有结果的，做才有结果。**

常言道"三思而后行"，这句话后面还有一句是："再，斯可矣。"再大的事情，稍作思考后，只要有方向，就先做起来再说。

王阳明小时候口出"狂言"要做圣人，别人都嘲笑他，他二话不说就去格竹子，去读书，去闯荡。虽然在做的过程中会遇到各种各样的挫折，但事情也一点点有了眉目。王阳明曾言："我辈致知，只是各随分限所及。今日良知见在如此，只随今日所知扩充到底。明日良知又有开悟，便从明日所知扩充到底。"

任何学问、创始人品牌，都是一点点做起来的，没有一栋高楼大厦是突然出现的，没有一棵树是一夜长成的。对于创始人品牌，如果不知道怎么做，就先给自己起个名字，找个漂亮点的头像，先做起来，做着做着，思维自然就清晰了。

3.先完成再完美

我们做事，先完成重要，还是完美重要？当然是完成重要。没有完成的事情，连最基本的标准都达不到，谈何完美。不管大事还是小事，先努力完成，再持续升级。要吃红烧肉，先去买肉做一份尝尝，而不是先想着如何做出如毛氏红烧肉一样品质的菜。如果想要刚开始就完美，那么这件事就永远无法开始。先完成，这件事虽然是小事，但非常重要。

7.3 迷恋：品牌忠诚度

1.人格匹配才能赢得人心

无论线上还是线下，消费者的选择都变得越来越多样化。如何在众多的选项中脱颖而出，赢得消费者的青睐，成为每个企业和个人都需要深思的问题。

唯有人格匹配才能赢得消费者，才能赢得消费者的心，大部分人喜欢和自己相似的事物。人会因为自己对其他东西产生兴趣，但不会与物产生更深的关系，赢得人心是获取流量的最终目的。一切商业的延续性，都来自赢得人心的持续性。

《战国策·楚策》中有云："以道相交者，天荒而地老；以德相交者，地久而天长；以色相交者，色衰而爱弛；以利相交者，利尽而交疏；以势相交者，势倾而交绝。"这里讲的是人与人之间的交往，拿来用在消费者与企业之间，也是妥帖的。

如果消费者与企业之间的关系只是买方与卖方的关系，那么消费者是无法忠诚的。一旦有更好、更新奇的产品出现，消费者就会抛弃企业，转而投入其他企业的"怀抱"。特别是在当下产品极大丰富的时代，同类产品琳琅满目，企业都在换着花样吸引和争取消费者。消费者必然是三心二意的，谁能更吸引眼球，消费者就用脚投票选谁。

从这个意义上讲，消费者只忠实于自己，谁更能打动他们，他们就跟着谁走。

从消费者角度看，这样的选择无可厚非，因为如果他们只是单纯地追求物理需求满足，一旦产品的包装形象过时了，自然就"色衰而爱弛"；一旦企业的让利、红包、代金券取消了，自然就"利尽而交疏"；一旦企业不再处在风口，自然就"势倾而交绝"。

但赢得人心的品牌在满足消费者物理需求的同时，更能满足消费者的精神需求，其与消费者的关系构建采取的是"以道相交""以德相交"的模式。小米品牌的粉丝获得的参与感，是任何东西替代不了的，苹果手机的粉丝获得的极致体验以及与乔布斯的精神共鸣，也是其他东西替代不了的。

人格匹配不仅意味着与用户在兴趣、价值观等方面的契合，更在于能够深入理解和把握用户的内心世界。只有当我们的人格与用户的人格产生共鸣时，才能建立起一种深层次的信任和联结。这种联结不仅有助于我们更好地满足用户的需求，更能够在用户心中留下深刻的印象，从而实现长期的合作和共赢。

2.为价值观投票

每个人都有两个存在：一个是现实的存在；另一个是想象中的存在。不管现实多么不容易，想象中的自己肯定是完美的。我们说向往是最大的力量，这种向往就是想象中的自己。

因此，在商业环境中，消费者对产品、服务的每一次投票，本质上并不是投给了产品、服务，而是投给了自己认同的价值观，投给了向往中的自己。消费者在产品、服务和企业家身上看到了他想成为的样子。他们在产品、服务的背后，看到了企业家的精神和愿景，看到了品牌传递的价值理念。这些元素相互交织，共同构建了一张张令人向往的蓝图。

因此，理解并把握消费者的这种心理需求至关重要。他们不仅要关注产品的质量和服务的水平，更要注重品牌形象的塑造和价值观的传递。只有这样，企业才能在激烈的市场竞争中脱颖而出。

同时，消费者也在通过自己的选择，推动着商业社会的进步和发展。他们的每一次投票，都在为那些秉持正直、创新、诚信等价值观的企业和品牌加油助力，让它们能够在商业的海洋中破浪前行。

从这个角度讲，品牌与消费者是互相成就的。消费者从品牌身上看到了相似性，品牌从消费者的需求中看到了超越性。消费者寻求价值观同频，品牌寻求在更高的维度上满足消费者的更多需求。

7.4 温度胜过一切：无法拒绝的人格卖点

品牌能力，是个人或企业赢得人心的能力。

传统的眼球争夺已经不再适应市场，产品本身的物理需求满足已经不是重点，心理溢价需求满足才是竞争的重点，未来是人心争夺的时代。

2023 年，淄博大火。作为一座工业城市，淄博能靠着烧烤爆火，不是因为烧烤有多么好吃，而是这座城市给了消费者以温度和尊重。这座城市拥有了一种人格，它向消费者展示了实在、善良、利他、真诚的态度，这座城市的人都努力起来维护城市的形象。不管当地政府工作人员、司机、店主、小贩，还是主流媒体、自媒体、游客，都成了淄博代言人。

淄博的城市基因并不是烧烤，而是人情。烧烤很容易被替代，而这座城市的情义感，很难被取代。

淄博呈现的是一幅政通人和、人间烟火、有情有义的和谐画面，这是当下人们渴望却不可及的向往。

淄博打造出了城市的品牌，这个品牌不靠高度、速度、力度，而是靠温度。

企业品牌和个人品牌是同样的道理，拥有温度，胜过一切。一个优秀的品牌有以下四大特征。

1.情

所谓情，是品牌能带给消费者的情义溢价，是有感情、有情绪、有温度。商业领域只有有情有义，品牌关系才更牢固。一个品牌如果能够与消费者建立起真挚的情感联系，那么它在市场上的地位将会更加稳固。消费者对于品牌的忠诚度，往往来源于品牌传递的情感价值。当消费者感受到品牌的真诚与关怀时，他们更愿意与品牌建立长期关系，甚至会将品牌推荐给亲朋好友。

因此，品牌在塑造形象和传递价值时，不仅要注重产品质量和服务水平，更要注重与消费者之间的情感沟通。只有用心去感受消费者的需求，用情去打动消费者的心灵，品牌才能在竞争激烈的市场中立于不败之地。

如何才能让品牌有情？

（1）有情有义的品牌故事必不可少。每个品牌都有其独特的故事，通过讲述品牌的起源、发展历程或者背后的感人故事，可以引发消费者的共鸣。比如，一些品牌会讲述企业创始人如何克服困难，坚持梦想，这样的故事往往能够激发消费者的敬佩和认同。在品牌基因诊断时，我们就梳理过故事，可以合理地应用于品牌。

（2）用心的体验设计。很多产品设计得非常温馨、人性化，当你拿到手上就会爱不释手。透过产品，我们就能感受到产品背后的人情味。以我们经常用的办公椅为例，有的人体工学椅非常舒服，坐上去就能感觉到愉悦和舒适。而有的椅子，坐上去总有说不出的不喜欢。

（3）真情的个性化服务。如果你上过豹变的课程，就会对个性化服务有深刻的感受。每一期的明星班毕业时，我们都会设计一个主题，如水浒主题、西游主题、穿回大唐主题等。每一期的学员感受到的服务都是个性化的，没有雷同，没有重复，更无法复制。个性化的服务会成为品牌与消费者之间的"小秘密"，因为这份体验是独一无二的。

（4）情义无价，人品胜产品。有人购买华为手机，除了看重其物理属性，还有更深的爱国情怀在其中。有人经常去熟悉的菜馆吃饭，因为那个地方、那道菜，有回忆和情感。饭菜好不好吃，并不在于厨师的手艺有多么高超，而在于你和谁吃。妈妈并不是大厨，为什么她做的饭，却是世间最好吃的饭！产品好不好用，并不完全取决于它多么完美无瑕，而在于你在产品上倾注了多少感情，取决于你对产品设计者有多么喜爱。锤子手机在刚面世时，出现了一堆问题，为什么还有那么多人争先恐后地购买？因为粉丝对罗永浩倾注了太多的情感。

（5）情绪价值。《大脑帝国》中讲到，人并不是因为开心了才笑，而是因为笑了才开心。对产品来说，并不是因为产品有了情绪，而是使用产品的人被勾起了情绪。人若无伤口，产品再厉害也触摸不到人的痛处。或笑或哭，情绪是撼动人心的良药。

产品能勾起人的正面情绪，如勾起一个人内心深处的回忆，唤起一个人对未来的憧憬，都可以通过某个元素、某个场景实现。一支钢笔并不值钱，但它是很多人年少时的美好回忆，看到钢笔就能勾起他的回忆。健身可能并不能让人愉悦，但充满趣味的场景，让很多人乐意拍照分享，因为它满足了人内心的优越感和对未来的憧憬。例如在遥远的他乡，在某个工艺品店里，突然看到了一个学生时代心心念念的玩偶，往事瞬间涌上心头。玩偶本身并不具备这些属性，只是因为场景和产品，人的情感被激活，这时人与产品产生了联结。假如这家工艺品店的创始人，恰好又是自己非常欣赏的设计师，那么这个玩偶就获得了无限的价值。

产品也能勾起人的负面情绪，如勾起一个人的遗憾和恐惧等。情绪是一种让人"上头"的体验，产品只要能勾起用户的某种情绪，用户就能将情绪转移在产品上，并将产品作为释放情绪的载体。

2.趣

趣就是趣味性、幽默感，有趣、好玩、让人有分享的欲望。

品牌必须有趣，没有人愿意使用无趣的东西，企业家必须有趣，没有人愿意和一个无趣的人长期交流。例如我们生活中常见的水杯，市场上中规中矩的水杯陆续被淘汰，只有那些充满设计元素、有趣、好玩的水杯才受大家欢迎。前几年一杯难求的猫爪杯，就因为可爱、好玩受到了追捧。现在职场人使用的灭火器形状的水杯，更是让老板都很好奇地左摸摸右看看。

（1）生活需要趣味。曾经不看颜值的刚需产品，如今也不得不转型。萌宠化的产品、好玩的产品、话题感强的产品、二次元的产品等，都在为我们的生活增添亮丽的色彩。

在生活压力不小的当下，消费者渴望在日常生活中找到一些让自己开心、放松的元素。品牌如果能够赋予产品趣味性和幽默感，就更容易吸引消费者的注意力，激发他们的购买欲望。有趣的品牌形象和产品特点，不仅能够为消费者带来快乐和惊喜，还能够增加品牌的记忆度和口碑传播。

所以，**有趣的品牌必然能成为社交货币。**

（2）**社交货币**。我们在前面已经解释了什么是社交货币，这里不再赘述。打造社交货币的核心目的是塑造优秀形象，给受众一种圈层的归属感。

比如，在鸿星尔克刷屏传播的过程中，鸿星尔克的主播说请大家理性消费，此时有人发弹幕说："不行！我们就要野性消费！""我们要野性消费"就成了社交货币，出现在各种场合。曾刷屏传播的"凡尔赛文学"，就是一种社交货币。类似"每当我浪费了一分钟，我就浪费了60秒"这样的"废话文学"，也是一种社交货币。

（3）**娱乐化**。任何时代，是消费者创造了市场，并不是生产者创造了市场。这句话乍一听似乎是错误的，但企业创始人只要观察市场，就会清晰地明白，如果消费者不买单，再好的产品也成不了气候。如果消费者不买单，企业再厉害的营销、再美好的故事、再精彩的内容，都是空中楼阁。

所以我们能看到，那么多的产品都在努力顺应当下消费者的需求。农夫山泉与网易云音乐、故宫、旅途易购等品牌合作开发了联名款矿泉水，维他命水与多个明星、多场综艺节目推出联名款饮料，其核心都是在满足消费者娱乐化的需求。

娱乐化是营销的润滑剂。没有人时时刻刻喜欢严肃的东西，适度

娱乐化的内容往往能让消费者放松心情，乐于接受。

比如通过脱口秀、讲段子、说金句等方式，将娱乐化内容融入其中，可以扩大品牌内容的传播范围。不过，要谨防过度娱乐化和娱乐无底线，一旦失去敬畏心，品牌内容就可能崩盘。

3.用

有用的东西才实用，实用是产品的基础属性。

企业要想明白品牌要解决哪个方面的问题。消费者的需求无外乎生活需求、情感需求、认知需求、应用需求、猎奇需求等，我们在马斯洛需求理论部分讲过，只要往那个框架里套用，就能很清楚地找到自己品牌的实用性在哪里。

4.品

品，即品位。没有人愿意和缺乏品位的品牌产生关联。

品位是一种综合的感受和鉴赏能力，通常涉及对艺术、食物、服饰、文学、音乐、设计等方面的独特认知和欣赏。品位可以是主观的，也可能受文化背景、教育水平、社会地位和个人经历的影响。

有品位的品牌创始人通常能够在某个领域里展示出独到的见解，显现出高雅、优质和精致的特点。他们能够辨别事物的细微差别，欣赏精致和美好之物，而不仅仅是随波逐流、盲目跟风。

比如在美食方面，品位优雅的人可能更加注重食材的选择、烹饪的技巧和餐桌的摆设，而不仅仅是注重味道。在服饰方面，有品位的人可能会讲究衣服的裁剪、布料的质感、颜色的搭配，而不仅仅是追求流行时尚。

品位是消费者众多需求中的一种，有品位的品牌创始人往往能够在众多竞争者中脱颖而出，满足消费者更高层次的需求，从而为品牌带来更大的市场优势。

7.5 灰度容错：黑白之间为灰

在"262 法则"中，我们知道粉丝、路人、黑粉，是每个品牌都要面对的问题。对品牌而言，粉丝与黑粉，其实是同等重要的。没有一个品牌是没有黑粉的，世上没有一个东西是完美的，只要有缺憾，就有人不满意。

我们不能因为那 20% 的黑粉，就放弃了其他 80% 的消费者。真实的世界总有多种声音，不要妄想只有一种你想要的声音。

其实，我们都知道，当获得粉丝偏爱时，无论品牌做什么，粉丝都喜欢。即使品牌犯错了，粉丝也会宽容地为品牌辩解。但在黑粉眼里，品牌做什么都是错的。

不过，我们要明白，相比于粉丝，黑粉也是必不可少的。

1.粉与黑的交叉价值

在真实的世界中，每个人都有自己的观点和立场，对同一件事情的看法也会有所不同。因此，我们不能期望所有人都对我们表示支持和赞同，而应该接受和尊重不同的声音。

粉丝和黑粉虽然立场相反，但他们之间存在一种交叉价值。粉丝的支持可以给予品牌信心和动力，而黑粉的批评也可以促使品牌反思和改进。在一定程度上，黑粉的存在有助于品牌保持清醒和进取心。

2.爱的反面是恨，恨的反面是更加爱

爱与恨是人类的两种基本情感，它们之间存在复杂的关系，并不是非黑即白。

粉丝对品牌爱得太过深沉，当品牌出现问题时，粉丝就可能因爱生恨。而黑粉在对品牌不断挑刺的过程中，有可能对品牌了解得更多，反而爱上该品牌。有些品牌的黑粉一旦接受了该品牌，对该品牌的热爱要远超其他粉丝。

3.灰度容错

在面对非黑即白的情况时，品牌应该设置一个灰度容错空间。如果品牌陷入非黑即白的陷阱，就有口碑崩溃的危险。

在应对不确定性、模糊地带和潜在的风险时，品牌可以进行灵活处理。

（1）品牌沟通。在与消费者沟通时，灰度容错体现在如何处理模糊不清的信息或问题。例如，在产品成分或功能尚不明确或存在争议时，品牌应该透明地、诚实地向消费者交代，以避免误导或引发负面回应。

（2）危机管理。在面对危机或负面新闻时，品牌的灰度容错能力在于处理纷繁复杂的状况，保持冷静和智慧，采取有效的解决方案，减少对品牌声誉的损害。例如，一款产品在市场上出现问题，品牌需要做的是妥善应对消费者的投诉和媒体的报道，透明、公开地处理问题，而不是简单地否定或回避。

（3）社会责任与道德。品牌在一些社会责任或道德问题上需要具备灰度容错的能力。例如，在环境保护、劳动权益、文化敏感性等方面，

品牌需要找到平衡点，避免走极端，能够在不同利益和价值观之间找到妥善的应对方式。

（4）产品和市场策略。在产品开发和市场策略上，品牌需要拥有一定的灰度容错空间。品牌在创新和冒险之间找到平衡，既要保持产品的高标准，又要允许一定程度的探索和试错。

（5）用户互动。在用户服务和互动中，灰度容错体现在品牌能够弹性地应对各种类型的用户需求和反馈，给予消费者个性化的回应和服务，而不是一味地坚持标准化的流程。

品牌的灰度容错能力不仅提升了品牌应对复杂环境的灵活性和韧性，还有助于在不确定性的市场环境中维护和增强消费者对品牌的信任。具备高灰度容错能力的品牌，往往能够在挑战和机会并存的市场中游刃有余，取得长足的发展。

第 8 章

品牌算力：

放大个人优势，改写人生剧本

既然选择做时代的天选之人，找到属于自己的"天意"，就要懂得用算法放大自己的优势。去演自己、打造人设、输出内容，将手里的牌打出意想不到的效果，这才是超级个体时代我们应该做的。

8.1 入戏：做自己则殆，演别人则罔，演自己最真

有人觉得要做最真实的自己，做事随心所欲，说话不过脑子，最终的结局是，碰壁碰得遍体鳞伤。

有人想要演别人，亦步亦趋，到头来却落得个不理想的结局。演别人意味着要放弃自己的特点，而放弃了自己的特点，不一定就能演好别人。网络上经常有模仿明星、企业家的主播，虽然靠一时的新奇赢得了部分粉丝，但存在巨大的风险，会涉及各种法律问题。

我们分析过个人基因，个人基因是不可改变的。没有一个人像你，也没有一个你像别人。只有找到自己的"天意"，把自己放在规则之内，让自己舒适地扮演自己，这时的你才是美好的。

1.为什么不做自己

做自己，就会掉进完全主观的视角，认为自己的一切都合理。别人对他提出有帮助的意见，他会信誓旦旦地回应："不，我在勇敢地做自己。"商业是交换的艺术，交换就有甲方和乙方，要考虑对方的感受、在乎对方的感受，才是硬道理。我们为什么要修饰照片，为什么要对毛坯房进行装修？

因为只有美好是大家追求的。太过自我的东西，并不一定美好。住在毛坯房里，你感受到的是冰冷、破碎、杂乱；住在装修后的房子里，

你感觉到的是舒适、美好、幸福。

即便我们深刻认同自己的全部，也要进行适当的自我雕琢，努力向外界展示美好。

因为这是人的本能。

2.为什么不演别人

演别人，演不好，演不久。没有别人的基因，就不可能演得比别人好。周星驰演唐伯虎，他永远都在演自己心中的唐伯虎，而不是演历史上的唐伯虎。

演别人演到最后，那也是别人，不是自己。如果你不想成为替身，就不可能去演别人。即使你坚持扮演别人，也会有演不下去的一天，到了那天，就是崩塌的开始。

3.演自己最真

演自己的前提是在自己的基因之上进行演绎。

首先，自己是什么样的，自己最清楚。自己可以对自己的优势、劣势进行演绎。最关键的是，不管怎么演绎，你是真实的，你所有的行为都有迹可循，有来处，不至于出现品牌危机时，人设崩塌。

其次，演自己是可控的、可优化的。刘德华去演周星驰，且不说他能不能演好，单周星驰的无厘头搞笑，就可能将刘德华多年形成的独有能力稀释掉。对刘德华来说，他并不具备周星驰的独有人格基因。演别人始终存在风险，演自己却能顺心而为。

最后，任何在自己基因之上的演绎，都会产生独一无二的奇妙效果。**极致的演员演谁都像他自己，每一个好演员都在用自己表达角色。好的企业家品牌都在用个性的自己扮演好相同的角色。**

演自己是给真实的自己做增值。真实的自己只有一个，但演绎出来的角色可以有多个。你在家里是温暖的父亲，在公司里是霸道总裁，不同的角色都是真实的你。

演自己并不是说要把真实的自己藏起来。如果隐藏了真实的自己，那么你的个性就消失了。有人进入了一个思维误区，总觉得做个人品牌、产品品牌，就是要把真实的本体藏起来，这就违反了真诚原则。

消费者爱的，是有血有肉的、有优缺点的、有温度的人，并不是完美无缺的假神仙。

在真实的自己之上，不断放大自己的优势，品牌可成。

8.2 比较优势最大化：在合适中靠拢优势，在优势中演好自己

既然入戏演自己，当然不能把这场戏演得平平无奇。

演好自己，不是为了成为一个不同的人，而是要成为最好的自己。要放大自己的优势，学会创造性地生活，把自己的优势升级成一种可积累、可复制和可传承的价值。

1.优势不放大，等于没优势

我们说不做自己、不演别人，而是要演自己，核心还是要适合自己，要找准自己的优势。总有人说，你看那个人，看他的特长、爱好，我哪方面都比他优秀，为什么他能赢得那么多粉丝，而我却不行？

我只能说，**你的优势只有你自己看到了，在别人没有看到你的优势前，它一文不值。** 拥有优势固然重要，但关键的是如何利用和放大这些优势。那么多的读书博主，有的人讲得很有深度，有的人娓娓道来，但为什么只有少数几个人做起来了，如帆书。

本质上，是因为这些博主把自己的优势放大到了极致。一个人、一个品牌的优势，在没有积极发展和利用时，其产生不了预期的效果，传递给别人的感觉就是不痛不痒、模棱两可。

醉过才知酒浓，如果连消费者都无法"喝醉"，谁会觉得这"酒"

好呢？**一旦找准了适合自己的优势，就要尽全力把它放大。让你的优势成为你的"一招鲜"，靠着"一招鲜"就能吃遍天。**

2.如何放大自己的优势

放大自己的优势，需要有策略、有方法，我总结出放大个人优势的"一横一纵"，供大家参考。

（1）"一横"。它是指从个人的能力出发，将专业、商业、智慧三者结合起来，形成个人的能力优势。

专业就是专业能力，你是哪个领域的专家、哪个领域的引领者、哪个领域的传人等，这是你最好的门槛。所以专业能力一定要强，要不断提高自己的专业能力。

商业就是商业模式、商业营销能力。任何人在某种意义上都是商品，通过什么样的商业模式、什么样的商业营销方式将自己推销出去，将自己的专业能力变现，这是每个人一生的追求。如果你的优势不为人所知，那么它们的价值就会大打折扣。品牌创始人通过有效的宣传和营销策略，可以让更多人了解品牌的优势，从而增加市场份额。很多人在做个人品牌时，没有想好如何变现，没有打通商业模式，即使优势很强，也很难被市场认可。

智慧是被人追随的能力。拥有智慧的人，不乏追随者。智慧是后天习得的，并非天生。对于如何获得智慧，我们暂不论述。

以上说的专业、商业、智慧三个层面，分别对应的是我们讲过的动手、动脑和动心。当消费者因为你的专业能力而选择了你时，他与你的关系就此开始。消费者通过理性逻辑判断，认可你的商业模式，就会成为你的粉丝。你不断地输出、提供超出预期的服务、给予让人行动的陪伴，都会让消费者产生偏爱。而偏爱，足以阻挡所有的深思熟虑。

（2）"一纵"。它是指观点、故事、知识，这是从品牌输出的内容层面来讲的。任何优势的放大，有了基础的"一横"，就需要强有力的内容做杠杆。

观点可以起到引领作用。有观点的人，能引来关注。在基因定位的系统应用模型中，我们对观点做了分析。观点是表达立场、拉近与用户关系的杠杆，我们一定要用好。

故事是用来共情别人的。讲一个引人入胜的故事，别人就能从故事里得出结论。一旦能共情别人，就可以达到同频共振的效果。

知识是用来延续价值、夯实个人优势的，不是用来炫耀的。等你的知识系统化了、版权化了，你的优势就有了权威背书。系统化、逻辑化的知识，就会变成你优势的播种机。只要别人了解和学习这些知识，就会受到你的影响，你也就会拥有更多的传播者。

我们会发现，不管怎么讲，始终绕不开基因定位的系统应用模型，它是个人品牌、产品品牌从定位到放大的最优系统。按照应用模型的逻辑去做，品牌算力自然更高效、更强。

8.3 天算叠加人算：你的人设一半天注定，一半靠设定

提起铁娘子，你可能会想到董明珠；提起二次元，你可能会想到初音未来；提起高情商的演员，你可能会想到黄渤。你会因为某个关键词而联想到某个人，为什么？因为这个人打造了属于自己的人设，能引发你联想的那个关键词就是他的人设。

人设就像一次英雄之旅，设定好了人设，也就设定了后续所有的故事和内容。人设定了，一生就定了，过好这一生，写好这一生。

那么，问题来了，什么是人设？

"人设"这个词最初源于日本动漫，用来形容动漫、小说、漫画等二次元作品中对虚拟角色的外貌特征、个性特点的塑造。其实这种方式是人类历史中常用的策略。提到药王，你自然能想到孙思邈；提到大圣，你自然能想到孙悟空。每个人设的背后，都是一个活生生的个体，他们能被感知、有血有肉、形象立体。

我们的人设并不是凭空得来的。学习了基因定位，我们明白了我们的优势、形象、人设等都与基因密不可分，但也不是完全由基因决定。

可以说，人设一半基于基因，一半靠设计。基因决定了我们的个人品牌基础，设计则决定了我们的个人品牌可以放大到什么程度。

1.人设的逻辑

人设就是一种经过设计的真实自我，是在真实的个人品牌基因之上，裂变出一种与你的产品、企业相契合的人格角色扮演。

人设必须表达真实的自我，必须与个人品牌基因相契合。人设本身是一个中性词，你对它的使用方式决定了它的褒贬。比如，某些人设崩塌的品牌，就是因为它本身就不真实，或者说塑造得过于完美。

有价值的人设，都是"演自己"，因为自己才是最好的人设，即使角色扮演，演出来的也是自己。

人设有三个关键组成内容，分别是**你的样子、你的语言和你的行为。**这很好理解，样子就是形象、符号、内容；语言就是行业引领、内容沉淀、知识体系化；行为就是具体怎么做。只有表里如一的人设，才是成立的，如图 8-1 所示。

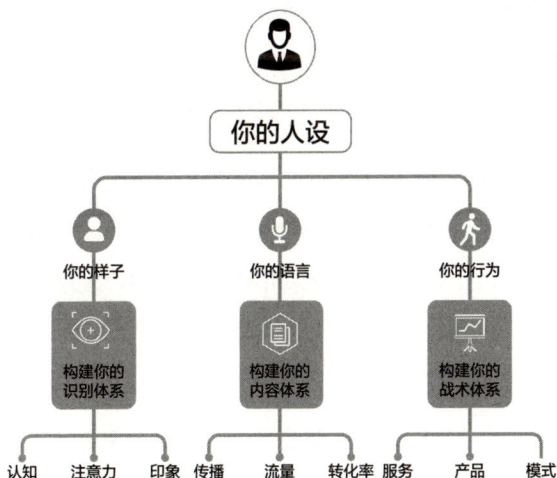

图 8-1　人设的组成

有四个关键元素可以用于塑造人设，分别是**传播者、受众、信息、媒介。**传播者通过媒介将人设的相关信息传递给受众，受众产生自己的理解。如果受众理解的信息与传播者通过媒介传播的信息不一致，就说明这样的人设是失败的。只有传播者和受众对信息达成共识，这样的人设才是有效的、有价值的。

人设被受众认知，其背后有自己的逻辑。

当传播者设定好了自己想要的人设，戴上了自己的人格面具时，他展现出来的样子往往是不同的。因为**人性是复杂的，一个人的人设是丰富的，可以有主人格，也可以有子人格。什么场景下展现什么样的人格，是因时因地不同的。**比如演员黄磊，他早期的人设是好演员、好男人，这几年他的人设又增加了高情商、好爸爸等。这些人设的丰富和变化，都是根据受众的需求而变化的。

每个人都有一种自我，叫镜像自我。我们都会把别人当作镜子进行自我感知，通过观察别人对自己行为的反应而形成对自己的评价。人设也不例外，受众如何反应，会影响传播者的人设展现。而受众对人设的感知不是以绝对的真或假作为评价标准的，而是强调自我感觉是对的、我喜欢的。

受众接收到信息后，他的感觉是对的、他喜欢的，这样的人设就是受欢迎的。受众基本上不会花时间剖析逻辑、仔细分析，只要他的感觉对，他的情绪就被调动了。

当企业创始人的人设能够满足受众的镜像自我时，人设就是成立的。孙悟空只有神通广大时，受众才喜欢他。如果他展现了贪吃、懒

惰的人设，那么他的人设就崩塌了。当他挥舞着金箍棒上天入地时，
你才会拍着手说，这就对了。

2.做出与人设相符的行动

演自己才是最好的人设。那么，人设是如何一步步形成的呢？

概括来说，人设形成的过程就是从点到面，再到立体，最后到"无"
的过程。人设形成之初是具象的，等你的人格面具逐渐与你的基因全
面吻合时，人设其实就变成抽象的了。就如你刚认识某人，你会记住
他的某个特点，经过长时间的相处，彼此极为熟悉，你已经说不出他
身上的哪个点吸引了你，但你心里清楚地知道，就是觉得他好。其实
这种日常生活中的真实感受就是个人品牌最高的追求。没有人清楚地
说出你哪儿好，但就是觉得你好，这种能达成无理由认同的效果是个
人品牌的高阶。

具体操作时，首先要进行相应人设的活动。要展现自己专业的人设，
就应该在专业领域多做专业的事情。比如，我专注于创始人个人品牌
打造，那么我参与的所有活动、论坛，都在展现创始人个人品牌塑造
的人设。进行相应人设的具体活动，会一次次加深受众的认知，从而
给自己戴上人格面具，最终受众会因为抽象的关键词而联想到我们的
个人品牌，这是一个从具象到抽象的过程。

其次，要进行反对相反人设的活动。这句话听起来绕口，简单地
讲，就是自己有意识做一些看似损害自己人设的行为。这并不是自残，
而是为了塑造完整的人设。很多大企业家平时的人设都是高知、精英，
但他们也会有意无意地讲一些寻常生活的细节。比如，小米手机的雷

军常在一些论坛上讲述自己创办小米之前的故事，这些故事看似与小米的品牌是不协调的，实际上丰富了雷军的人设。我们讲过，完美的人设是最危险的，完美就意味着不真实，所以进行反对相反人设的活动能增加受众的好感，增加人设的真实度。

此外，还要增进与同类人设群体的关系。人设一定不是孤岛式的存在，而是要与周围的事物有千丝万缕的联系。做房地产的王健林为什么会和互联网领域的创始人同台互怼？互联网大厂创始人为什么经常同台演讲？这都是在增进与同类人设群体的关系。同类人设群体既是自己人设的对比者，又是自己的对手，这样的互动带来的是可观的流量和消费者更加深刻的认知。

《汉书·艺文志》中说，诸子百家，"其言虽殊，辟犹水火，相灭亦相生也。仁之与义，敬之与和，相反而皆相成也"。人设的塑造同理，没有一个人如纸片一样只有一面，人都是立体的、有温度感的、复杂的。人设也一样，单维度的人设根基太浅，只有多方位、丰富的人设，才能立得住，赢得受众的喜爱。

3.形成极致，打造人格沸点

你唱歌时，是记住了整首歌的歌词，还是只记住了高潮部分？你看书时，是记住了其中的核心与金句，还是看完了书中的每一个字？你用手机时，是只用了它关键的功能，还是用了它的每一个功能？

相信很多人的答案都是，部分。

人活一世，活得其实就是几个瞬间。人生中的高光时刻、人生中的关键选择，都是值得记忆的瞬间。其他时候，要么平平淡淡，要么在不断重复那几个瞬间。

人设也一样，别人记住你的，只有那几个最鲜明、最个性极致、最让人热血沸腾的人设。至于你平时多么普通，没有人会关心。人格中，能让受众记忆深刻的最鲜明、最个性极致、最让人热血沸腾的人设，就是人格沸点。

如何形成极致的人格沸点？

方法一：基于性格特征建立人设。

要让人设要么特殊，要么极致。如果用图来表示人设，我们可以看出，基于性格特征建立的人设就如洋葱一般，层层都有味道（见图8-2）。

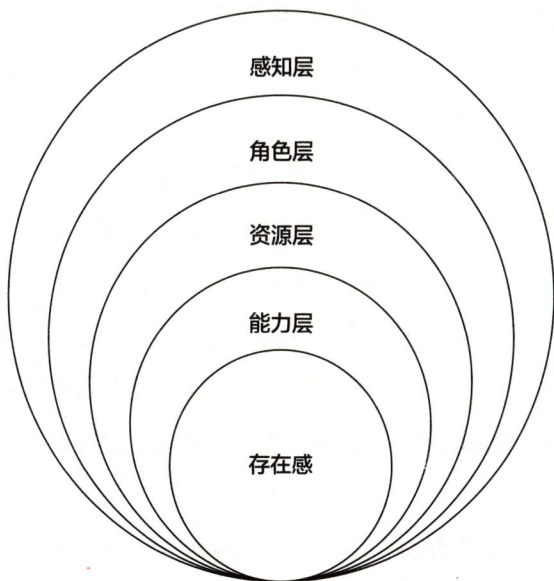

感知层

角色层

资源层

能力层

存在感

图8-2　基于性格特征建立的人设层级

极致的人格，一定是丰富而立体的。

提到董明珠，我们的脑子里会出现这些词：铁娘子、硬派、果敢、六亲不认、理性等。这些极致的人格是通过什么方式塑造出来的呢？

在感知层，董明珠的这种人格是从言、行、衣等角度体现出来的。她说话直接、彪悍，金句频出，如"我从不认为我是错的，我永远是对的！""要上级哄着你做事的，请回到你妈妈身边去，长大了再来面对这个世界"等。语出惊人，彪悍性格显露无遗。董明珠出现在公众面前，眼神犀利、自带王者风范、走路带风，传达给受众的感觉就是硬派、执着。穿衣打扮方面，董明珠说自己常穿10年前的衣服，经常买打折的衣服，几乎没有化妆品，每天打扮不超过5分钟。她给人的感觉很有反差感，但又是霸道总裁的范儿。

在角色层，人在不同的场景下，角色是不一样的。在家庭、职场、社交场合，人是多面的。

对公司内部，董明珠的角色是"格力董事长"，她展现出来的是她的职业人设，即霸道、硬派、雷厉风行的人格。她强调忠诚度第一，拒绝接受跳槽的人。这就形成了极致的人设，因为跳槽在我们看来并不是那么严重的问题，但是董明珠却特意强调不接受。管理上，她展现铁腕风格，说100减1，那就是0，将苛求完美强调到了极致。另外，一些报道中，说董明珠每天对员工发飙很多次。这完全就是人们心中的霸道总裁。

在整个商界，董明珠的角色又是"商界大佬"。她在媒体上怒怼雷军、郑坚江等，还起诉美的董事长方洪波，展现出的完全是大佬的气场。

　　回归家庭，董明珠又是一位妈妈，关爱和保护自己的孩子。这样丰富而立体的人格，才是有血有肉的。

　　在**资源层，**塑造人设主要体现在与其他人的关系中。董明珠经常与商界名人同框，如王健林、雷军、朱江洪等人，展示了她强大的商界人际关系能力与极高的商界地位。

　　在**能力层，**董明珠带领格力快速发展、创造了空调领域的多项专利、让格力员工过上好的生活等，这些都是一个企业家的能力展现。

　　我们能看到，通过多角度的人设塑造，董明珠在媒体、消费者心中的存在感很足，消费者对她也很认可。所以她才会霸气地说，与其找别人代言，不如让她代言，她就是格力最好的代言人。极致的人格，能极强地占据消费者心智，获得关注度与偏爱。

　　方法二：创造标志性行为，抢占人设。

　　看到图 8-3，你会想到谁？

图 8-3　标志性动作

当然是迈克尔·杰克逊。他的几个标志性动作，已经成为很多人模仿的对象。受众已经将这几个标志性动作和迈克尔·杰克逊挂钩，甚至不用联想，就能识别。迈克尔·杰克逊创造性地抢占了这些标志性动作，形成了他强大的音乐天王人设。

提到土味营销，你会想到什么？是不是想到老乡鸡。作为豹变的品牌咨询顾问客户，老乡鸡在我眼中是一个充满人情味的品牌，而董事长束从轩是一个充满人格魅力的爷爷。

从 2020 年 2 月，老乡鸡的董事长手撕员工联名信开始，老乡鸡的营销就破圈了，其微博阅读量达到 1.4 亿。2020 年 3 月，老乡鸡举行"2020 战略发布会"，其视频再次霸榜。原因无他，就是其发布会创造出了标志性的符号——土味。

与其他企业精美、高大上的发布会相比，老乡鸡用 200 元预算办了一场土味十足的发布会（见图8-4）。简陋的发布台、充满土味的背景，充满年代气息的大喇叭和长条凳，让人看了忍俊不禁。这哪是发布会，也太简陋了吧！而老乡鸡的董事长束从轩更是在发布会上使用"无中生有""隔壁小孩都馋哭了"等多个网络热梗，引得网友纷纷调侃董事长不仅是段子手，还是押韵狂魔。

正是这种反差性极强的符号，让老乡鸡创造出了属于自己的品牌营销策略。

图 8-4　2020 老乡鸡战略发布会

从 2021 年 4 月开始，老乡鸡又发起了每月的自纠自查行动，还在公众号将自身自纠自查和用户投诉的典型问题公布出来。从 2021 年 4 月开始到 2024 年 5 月，月月不落。这种自曝问题的方式，赢得了消费者的信任。与此同时，老乡鸡积极回应消费者在评论区提出的问题，让消费者看到品牌的坦诚。对食品安全问题绝不敷衍、不姑息的态度和一句"坦诚比完美的形象更重要"，让老乡鸡一时圈粉无数。

都说自古套路得人心，殊不知，真诚就是最大的套路。当老乡鸡在誓言中保证员工都有饭吃的那一刻起，它就获得了天意。一次次的营销破圈、真诚人设的构建，都是根据算法进行的布局。土味成为老乡鸡的人设符号。在这个赛道上，提到土味，老乡鸡就成了绕不开的存在。

　　人格沸点是品牌关系中的关键部分，也是品牌能够发挥杠杆效应的支点。没有极致的人格，消费者无法感知到你的魅力，没有沸腾的人格，消费者的情绪就无从释放。我们的人格可以是极致的，也可以是平庸的，但平庸意味着无法被人看到，意味着孤独。

　　我们正在进入全民英雄的时代，作为企业的创始人，要顺势而为，争取更大的话语权。

8.4 双向奔赴：品牌算力量子化

时代大势是成就现象级事件的背后推手。

我们在讲品牌关系的四个维度时，提到品牌与国家的关系、与时代的关系、与行业的关系，就是在分析，任何品牌只有顺应了国家、时代和行业的需求，才有生存发展的空间。

不管你的想法多么美妙，产品多么先进，如果与国家、时代、行业需求不匹配，那么你就只能成为"炮灰"。

品牌最好的状态是，你有什么优势，国家、时代和行业又正好需要，双向奔赴才有未来！

1.你有什么

一个人拥有的资源、能力、财富，是动态变化的，品牌亦如是。

很多人看着别人做什么，觉得自己也行，就冲了进去，但进入市场后才发现，别人很容易就能做成的事情，自己完全搞不定。或者是自己成功做过某件事，后来想要复制，却不知道市场已经发生了变化。

例如某咖啡品牌的创始人，在创业条件非常宽松时，融资容易，人际资源、信用都非常好，所以创业做咖啡连锁时，非常顺利。后来，该创始人着手用之前的经验做第二个咖啡品牌，但效果远没有之前好，一方面是因为他拥有的资源、信用等发生了变化；另一方面是因为国家、时代和行业的需求也发生了变化。

当自己有什么时，需要观察国家、时代和行业需要什么，只有需求匹配，双向奔赴，发展空间才是巨大的。

2.市场需要什么

市场的需求并不以创业者的能力、喜好为依据。比如我国的新能源汽车，经过这几年的发展已经超越了很多传统汽车企业的想象。国家的大力推动，时代对环保、新能源的需求，行业的迭代更新，推动数十家新能源汽车企业发展起来。

小米汽车就是在这样的市场需求下诞生的。雷军原来做小米手机、小米生态，都比较得心应手。但汽车是一个全新的领域，造车所需要的能力、资金、技术等，都与原来的小米手机有很大的区别。

所以在做小米汽车之前，已经 50 岁的雷军说，做汽车很难，但他下定决心要去做，要投入 10 倍的资金。的确，小米汽车做成了，上市后供不应求。

如果去考量市场，在 10 年前新能源汽车的供应链还不够成熟时，市场需求没有现在这么强烈，雷军即使投入 10 倍的资金，也很有可能以失败告终。

国家、时代和行业需求牢牢地影响着创业者的方向。品牌发展是同样的道理，如果品牌和市场需求不匹配，品牌就只能以失败收场。

3.独特性

品牌与市场需求双向奔赴，并不是说所有人奔向市场需求时，市场就会积极反馈。市场需要新能源汽车，为什么一些新能源汽车企业却出现危机，破产了？

已经具备很好的创业需求、品牌定位，别人都做成了，但你却失败了。这不是市场不需要，而是你的能力、资源不匹配。

所谓吾之蜜糖，汝之砒霜，没有一定的独特性，即使你与市场双向奔赴，也可能没有任何交集。需求匹配只是前提条件，品牌的独特性、能力和资源的唯一性，才是保证品牌在竞争中存活下来的关键。

4.学我者生，像我者死

在刚进入市场时，模仿其他品牌并没有什么问题。毕竟在市场初期，竞争压力小，市场需要的能力和资源都大同小异。按照先像，后成为，再超越的思路，可以学习别人。

一旦市场成熟、竞争白热化，平平无奇的模仿就变成了缺点。模仿只能学一点皮毛，真正把自己的能力、资源都投入其中，让品牌的基因生根发芽，这才是品牌成长的正确道路。

市场无情，总会淘汰掉那些同质化、无特色的产品和品牌。能留存在市场中的，都是那些有进入门槛、有特点的产品和品牌。

8.5 稀缺反差：关注缺失项，寻找反差点

明白了市场需要双向奔赴，并且在清楚自己的能力和资源后，如何寻找能与自己匹配的市场需求呢？

当然不是寻找那些大而无用的市场需求。不是一拍脑门想到现在人人爱美，我正好有相关资源，那我去做化妆品吧。化妆品市场竞争极为激烈，国内外品牌多如牛毛。单单化妆品的品类，就足以让人眼花缭乱。

在竞争如此激烈的市场中，市场需求依然很庞大，爱美的人越来越多，需求越来越旺盛。各个品牌的竞争也愈加激烈，市场的真正需求在哪里呢？

1.关注缺失项

何谓缺失项？在统计学中，"缺失项"通常是指数据集中的缺失数据，即在数据收集或记录过程中未能收集到的数据点。

在更广义的语境中，"缺失项"是指任何不完整或缺少的元素、部分或信息。例如，在项目管理中，"缺失项"可能是指项目计划中未考虑到的任务或风险；在供应链管理中，"缺失项"可能是指缺少的库存或原材料。在市场中，"缺失项"是指消费者未被满足的隐性需求，这些需求，可能连消费者自己都没有察觉。

　　化妆品市场竞争如此激烈，有一个品牌却独辟蹊径从"缺失项"的角度满足了消费者的需求。

　　花西子是一个以"东方彩妆，以花养妆"为理念的国产彩妆品牌，2017年创立以来，经历了迅速的发展和崛起。近些年，随着我国国力的增强，消费者对国产品牌、传统文化、天然环保产品的需求日益旺盛。这就是国潮的崛起。

　　国潮的崛起，促进了新的市场需求。花西子发现了这样的缺失项，当时国内没有一款化妆品迎合国潮时尚。国内的很多化妆品品牌还在学习国外化妆品品牌的方法，并没有觉察到消费者对国潮的隐性需求。

　　花西子凭借其独特的品牌定位和营销策略，迅速在市场上获得了关注。品牌名称和概念紧抓"东方彩妆，以花养妆"的核心理念，与当时市场上的其他品牌形成了差异化。花西子通过与网络红人李佳琦的合作，以及深度绑定直播带货的方式，有效地提升了品牌知名度和销量。

　　在产品研发方面，花西子融入了传统的中国文化元素，这不仅体现在产品包装设计上，如采用古典美学和传统图案，也体现在产品配方和理念上，如采用中草药等传统成分。这种策略不仅让品牌在视觉上与众不同，而且在文化和价值观上与消费者建立了更深层的联系。国潮风的花西子一下子就引起了消费者的关注，让人爱不释手的美学设计征服了诸多消费者。

消费者都爱美，国人更爱有传统文化元素的产品。充满东方美学设计的产品，首先能在视觉上给消费者以精神上的满足。

做个人品牌也是同样的道理，**你准备吸引谁、服务谁，就需要关注这个群体的缺失项。有人缺少陪伴，有人缺少成长，有人缺少教练，这些缺失项就是你的机会点。**

人正是有了缺憾，才会想着去弥补缺憾，这种缺憾就是市场机会。

2.寻找反差点

会讲书的人引不起很多人的关注，但会讲书的胖子就能引起很多人的关注。讲个人品牌打造的老师引不起太多人的关注，但长得帅、打扮时尚还频出金句的老师，就能获得大家的好感。严谨、不苟言笑、温柔、细心的医生，大家司空见惯，但语出惊人、经常发表超出受众预期观点的医生，大家就会特别关注。

大街上无数个煎饼摊引不起太多人的关注，但是有一天一位煎饼摊摊主说了一句："我月入三万，还少你一个蛋？"就立马引发了关注。这是一个真实的故事，故事的主角就是北京北新桥的"姜皇后煎饼"。它因为一句让人感觉反差极大的话，短时间内传遍网络媒体。煎饼摊主月入三万，击痛多少白领的心。这一反差就给"姜皇后煎饼"贴上了标签，于是有大批人慕名前去排队买煎饼，也有媒体前去采访。其创始人顺势接受媒体采访，创造话题，并多维度塑造人设，如靠摊煎饼送女儿留学圆梦等，让大家看到了普通人靠努力实现梦想的可贵。

接着，摊主顺势上电视节目，教汪峰、鲁豫等人摊煎饼，在娱乐的同时展现专业性。很快，摊主开启了连锁加盟、做煎饼培训的步伐。靠着有反差的创始人品牌，煎饼摊主也做大做强了自己的事业。

寻找反差点，不是为了猎奇而猎奇，而是为了在演自己的过程中能更具特色。市场需要有特色、有反差的品牌，而这也正好成为你在激烈竞争中存活下来的核心竞争力。

8.6 真情实感：本色做人，角色做事

演自己是为了更好地呈现自己，打造人设是为了更好地服务用户。

在演自己的过程中，不同场景下，你的角色是不同的。而每个角色往往都对应一个功能。比如，你的角色是公司的销售总监，那么你就应该做销售总监该做的事、该说的话。你的角色是职场小白，那么你就不能说出一些老谋深算的话。

人设是服务于角色的，好爸爸的人设，就不能做霸道总裁的角色，因为霸道总裁总是严厉而不讲温情的。角色决定了功能，什么样的角色承担什么样的功能，秘书就不可以越俎代庖替老板做决定。功能决定内容输出，到什么山唱什么歌，这是不能混淆的。

人设是为自己设计的"真实自我"，而角色是社会关系对某个人或某个群体的需求，我们要根据角色去设计人设。再小的角色背后都是一套完整的价值体系。

我将角色分为三类，分别是超级导购、人生偶像、生活闺密。

1.超级导购

什么是超级导购？超级导购就是用专业能力帮助目标用户扫除选择障碍，进而与用户建立信任关系的角色。常见的超级导购如商场的导购员、直播间的大主播等。用户极为相信超级导购，超级导购推荐什么，他就会购买什么。

超级导购不但要有专业的能力，能帮助用户快速解决问题，还要通过专业能力形成品牌效应，成为用户的第一选择。当用户有需求时，他会第一时间想到超级导购这个角色。在这个角色之下，有多个人设的品牌，他会选择最契合他需求的那个。

2.人生偶像

当目标用户遇到偶像时，就有抑制不住的冲动，想要接近。人生偶像这个角色主要承载的就是目标用户的向往。 那些旅游博主、文化博主等都是这类角色，如李子柒。

具体来讲，目标用户会觉得心理上离人生偶像很近，现实中却又离人生偶像很远，他们向往活成人生偶像的样子。人内心缺什么，就会向往什么。缺失项是造成向往的根本原因。

目标用户想要活成人生偶像的样子，所以这就给了这一角色以巨大的机会。李子柒将东方美学的田园生活展现出来，无数生活在城市里的人极为向往，这给了李子柒巨大的机会。

对人生偶像这个角色来说，其与目标用户的关系既有信任，又有超越信任的崇拜。

3.生活闺密

闺密是可以分享生活秘密，关键时刻能帮忙的角色。生活闺密这个角色对目标用户来说，意味着：他/她懂我！

生活闺密这个角色与目标用户之间能构建起亲密关系，关键时刻能替用户说话，给用户撑腰，帮用户出头。试问，哪个目标用户不喜欢这样的角色呢!

我们常见的那些职场博主、打假博主、测评博主都属于这类角色。

在构建品牌关系的过程中,人是主体。不管什么样的关系,不论扮演什么样的角色,打造什么样的人设,我们必须本色做人,不要和自己的基因较劲。在基因之上长出的花朵才是最吸引目标群体的。

8.7 人格的12个模型：在池塘里捞鱼

人设的基础内容，我们已经分析过。这里讲一个实用的模型——人设吸引力模型。

1.人设吸引力模型

如图 8-5 所示，人设吸引力模型分为六大部分，分别是识别度、需求度、亲切度、共情度、认同度和信任度。

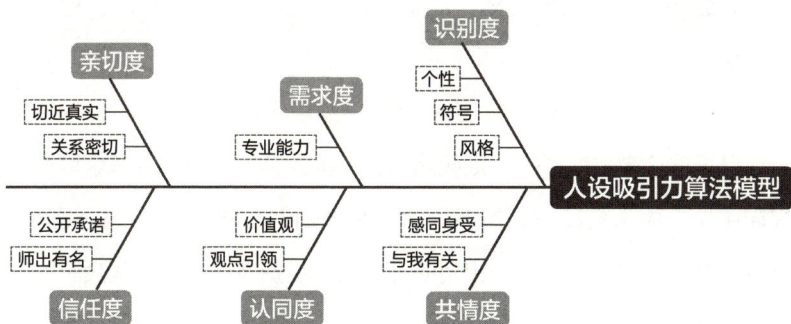

图 8-5　人设吸引力模型

（1）识别度。通过标志性的符号、风格、个性等，让人一眼认出来，这就是识别度。我们提到的老乡鸡的土味等，识别度都极高。识别度能让品牌区别于其他品牌，让人一眼就能认出来。

（2）**需求度**。你的专业和能力是不是必需的，对他人来讲，是不是有门槛，这很重要。

（3）**亲切度**。目标用户对你有亲切感，非常关键，这是建立品牌关系的前提条件。有好感意味着有同频的可能，如果缺乏亲切感，机会就会转瞬即逝。

（4）**共情度**。我们在共情部分讲过，当角色互换后，你就能了解到目标用户的需求和痛点，找到产生缺失项的缘由，让用户感觉到与他有关，你与他感同身受。

（5）**认同度**。价值观引领别人，人格魅力吸引别人时，就会建立认同，之后形成追随。我们看到有些个人品牌在替大家说出大家的心声时，会受到一群人的追随。当董宇辉带着文化气息带货时，粉丝们就纷纷追随。

（6）**信任度**。**品牌的发心和使命会给目标群体以承诺，这种承诺会给目标群体带来信任感**。提起烤鸭，很多人第一个想到的是全聚德。提起中医、中医药秘方，很多人第一个想到的是同仁堂。而提到国产手机、爱国，很多人第一个想到的是华为。消费者在面对这些品牌时，为什么可以放心大胆地购买，并内心充满自豪感？因为这些品牌给了消费者显性和隐性的承诺。每一次购买，品牌都仿佛在对消费者说："选我没错，出了问题我负责！"

公开承诺是很好的信任来源，既是品牌的态度也是品牌的责任。

人设吸引力模型让我们明白，打造人设时只有先弄懂背后目标用户的需求，我们才能有针对性地构建我们的人设。

2.品牌人格十二原型

品牌原型理论是玛格丽特·马克（Margaret Mark）和卡罗·S. 皮尔森（Carol S. Pearson）共同提出的，这一理论认为，强大的品牌都具有鲜明的人设原型。他们将品牌原型分为4类共12种（见图8-6）。

图 8-6　品牌人格十二原型

玛格丽特·马克曾任扬雅广告公司执行副总裁。她的公司深入研究用户对品牌的认同心理与品牌构成要素。卡罗·S. 皮尔森博士是原型研究暨应用中心主任，著有《内在英雄：六种生活的原型》《影响你生命的十二原型：认识自己与重建生活的新法则》《创意的魔法》等作品。

品牌原型理论被广泛应用于品牌建设和市场营销领域，能帮助企业更好地理解和塑造品牌形象，以满足消费者的深层心理需求。这也符合我们的品牌人格化打法，即让每个用户都能清晰地感受到品牌的人格。在品牌的人格中，创始人的人格尤为重要，它是一种角色型呈现，唯有清晰的角色感，才会让创始人更加清楚自己和品牌的输出方式，也会让用户清晰地识别品牌与自己的关系。

我们对十二原型在品牌人格和创始人人格呈现上，做了延伸和应用，详细分析如下。

（1）天真者。具有天真者型人格的人拥有天生的锦鲤属性，自带安全感，定义了安全和积极的最佳状态。如果你觉得生活其实不用那么复杂，只要遵循一些简单的原则，就可以随心所欲成为那个单纯的自己，那么你就属于天真者。天真者的底线是信任、简单、纯粹。比如，迪士尼等就属于这类代表品牌。具有纯粹特质和真诚特质的人都是这类人格的代表人物。

判断自己是不是天真者，并且想要强化这类人格，可以对照以上表现，并思考以下问题。

①你是否足够乐观，对未来充满希望，并相信长远发展？

②你能否看到事物好的方面，即使不好的方面，也能找到解决问题的动力？

③你是否信仰简单、纯粹是天地大道？

④你是否可以因为你的纯粹、真诚，快速给对方建立安全感？

（2）"圣人"。"圣人"也被称作智者，其特点是富有智慧，不断寻找充满真理和智慧的解决方案。具有圣人型人格的人认为，既然你很茫然，感觉自己的意识状态跟不上，装纯、出走和逃避都是无效的，最好的办法就是学习和成长，以便从更高的视角和思维角度找到真理。喜欢思想同频的人，如果你可以通过与别人沟通快速发现问题的本质，那么你就具备了圣人型的潜质。如果一个人能用最少的语言让你实现最大的醒悟，他就是圣人型人格。比如，知乎、豆瓣、麦肯锡都是这类代表品牌，稻盛和夫属于这类人格的代表人物。

知识就是力量，践行就是方向，唯有入世，才能出世。要强化这类人格，就应当思考以下问题。

①你是否可以洞察事物的本质和规律，并且信仰本质和规律？

②你是不是所在领域的专家，并愿意帮助他人甚至是所在领域的同行拥有同样的成就？

③你是否热爱传达自己的思想？

④你是否认为精神引领大于物质引领？

（3）探险家。具有探险家型人格的人不愿意被束缚，敢于尝试，喜欢在旅途中寻找答案。他们口头上总是为了探索真相和答案，但他们未必喜欢答案，他们迷恋的是旅途的过程，是不停地享受那些不确定和未知带来的体验感。

探险家会不满足于熟悉的周围环境，内心有一种不满足感和不安定感，不断追寻更美好、更新的东西，却一而再再而三地说"不是这个"，然后继续上路，持续拥有新目标。比如，耐克等品牌就具有该类型的人格特质，王石、褚时健等就是这类人格的代表人物。

判断你的品牌人格是不是该类型，除了根据以上内容判断，还需要思考以下问题。

①你的品牌是不安分的、独立的、自我激励的吗？

②你的品牌是否重新定义了自由，并以另类和独特为傲？

③你是否雄心勃勃，有能力不断开创，有心力持续前行？

④你是否达成一个目标后，又会马上找到一个全新的目标去征战？

（4）叛逆者。具有叛逆者型人格的人拥有辩证思维，做事喜欢打破规则，并且认为规则就是用来打破的。

叛逆者是令人兴奋和着迷的，他们敢于面对真相，敢于把很多人想说但不敢说、想做不敢做的事儿光明正大地去说、去做。有时候，他们会成为牺牲者，但他们也会成为一个新时代、新趋势的引流者和最大的红利获得者。叛逆者的形象适用于那些十分具有颠覆性、倡导革命性新观念或者挑战行业内同行的品牌。比如，哔哩哔哩等品牌就具有该类型的人格特质，马斯克等是这一类人格的代表人物。

如果你的品牌准备改变游戏规则，毫无畏惧地挑战他人，那么它就是"叛逆者"人格。

判断自己是不是叛逆者型人格，并且想要强化这类人格，可以对照以上表现，并思考以下问题。

①你的品牌是否具备颠覆性理念？

②你是否有着极强的辩证思维？

③你是否敢于表达自己不同的观点，并且坚定自己的立场？

④你内心是否想要打破或者推翻一些陈旧的规则，开辟新的秩序？

（5）魔术师。具有魔术师型人格的人善于创造奇迹，是出乎意料的呈现者。他们不只是跳出固有的思维模式，而是把固有的思维模式带到你面前，然后给你呈现意想不到的东西。他们会化腐朽为神奇，在你看不到、看不懂、看不上、配不上的人、事、物中给你带来颠覆性的结果，擅长用创意和全新算法改变世界。比如，泡泡玛特、抖音等都是这类人格的代表品牌，创意型的人大都属于这一类人格。

判断你的品牌人格是不是该类型，并且想要强化这类人格，除了根据以上内容判断，还需要思考以下问题。

①你的品牌能否给用户带来惊喜感和冲击感？

②你的品牌是否让解决问题变得有趣和充满想象力？

③你是否总能给人意想不到的想法？

④你是不是一个喜欢创造仪式感的人？

（6）英雄。具有英雄型人格的人胆识过人、有韬略，是追求完美的理想主义者。他们会想尽一切办法确保自己的声音被听到，也愿意花很长的时间为你做出回应。

"英雄"是理想主义者，他们追求完美，注重细节和勇气。

"英雄"有着伟大而长远的理想，不执着于当下的名利得失，愿意克服种种困难，打不死，压不垮，有着强大的自我驱动力。

"英雄"往往也能在一瞬间做出超乎常人的决定，哪怕他们大部分时间可能是极其普通的人。比如，华为、格力等就是这类人格的代表品牌，任正非、董明珠是这类人格的代表人物。

判断自己是不是英雄型人格，并且想要强化这类人格，可以对照以上表现，并思考以下问题。

①你的品牌是否充满了正义感？

②你是否愿意帮助他人渡过难关？

③你是不是一个胆识过人的人，甚至对于你认为正确的事情拥有奋不顾身的状态？

④你能否看到大众的苦？

（7）含情人。具有含情人型人格的人是感性的、热情的、积极的、浪漫的，是灵动而温暖的。含情人型人格代表着热情、积极的生活态度，他们也会制造浪漫、制造想象。所有含情人型人格的人都对"情"有着深刻的见解，往往都是很好的用户专家。比如，香奈儿、德芙巧克力等就是这类人格的代表品牌。雷军就是含情人型的代表人物。

判断自己是不是含情人型人格，并且想要强化这类人格，可以对照以上表现，并思考以下问题。

①你的品牌是否充满激情、感性和爱？

②你是否有审美上的愉悦感，是一个给予者？

③你是否具有很好的共情能力，能够设身处地地站在他人立场思考问题？

④你是否认为自己懂对方，并且愿意满足对方的情感诉求是重要的？

（8）小丑。具有这类人格的人是乐观的，往往会嘲弄自己、娱乐大家。小丑型人格使生活看起来简单而有趣，他们以开玩笑的方式创造和销售东西，往往给大家带来的是娱乐感和轻松感。比如，卫龙辣条、杜蕾斯等都是这类人格的代表品牌。沈腾和具有娱乐化属性的企业家都是这类人格的代表人物。对我们来说，如果我们要强化这类人格，就需要思考以下问题。

①你的品牌是否总是精力充沛、色彩鲜艳、乐趣无穷？

②你是否具有足够的趣味性，既能给大家营造娱乐氛围，又能提

供价值？

③当人们听到"有趣""好玩""轻松""可爱"或"无忧无虑"这些词时，他们会想到你和你的品牌吗？

④你是否具备强大的包容度、没有包袱、开得起玩笑、不上纲上线？

（9）普通人。具有普通人型人格的人相信实用，是现实的和诚实的。普通人型人格的基本理念在于，每个人一定都是"天生我材必有用"，都是独一无二的，同时他们也坚信，享受生命的美好是每个人与生俱来的权利。

具有普通人型人格的人也讨厌投机取巧、虚浮和装腔作势。因此，普通人型人格的品牌具有朴实无华的特性，看起来很实在，同时给人一种陪伴感。比如，小米、老干妈等都是这种人格的代表品牌，陶华碧等是这种人格的代表人物。

如果你想要强化普通人型人格，则可以思考以下问题。

①你的品牌是为大众而设计的吗？

②你的品牌是否相信诚信至上，谦虚处世？

③你是否永远站在大多数人的立场？

④你是否认为普通人也可以不普通，世界主要就是由了不起的普通人构成的？

（10）看护者。具有看护者型人格的人是利他主义者、敏感但不脆弱，该类型人格的人喜欢为他人服务，照顾他人，教育他人。看护者总是足够谦卑，不喜欢炫耀，而是喜欢做实事。他们既是朋友又是家人。比如，海底捞、胖东来等都是这种类型人格的代表品牌，于东来、张勇则是这种类型人格的代表人物。

判断你的品牌人格是不是该类型，并且想要强化这类人格，除了根据以上内容判断，还需要思考以下问题。

①你的品牌是否意味着同理心、支持和利他主义？

②你的品牌是否以正确的方式将陪伴放在首位？

③你是否慷慨和大爱，并展示出保护人们的能力？

④你能否从服务他人中找到自己的成就感？

（11）**统治者**。具有统治者型人格的人野心和格局都够大，是天生的领导者。他们为了远大志向，可以持之以恒地去完成工作／任务，懂得整合，善于布局。比如，星巴克、劳力士、红旗等品牌都是这种类型人格的代表品牌。

判断你的品牌人格是不是该类型，并且想要强化这类人格，除了根据以上内容判断，还需要思考以下问题。

①你的品牌是否在各个方面都很强大，并且有很伟大的商业愿景吗？

②你的品牌能否显示权威，并且相信在混乱中创造秩序？

③你愿意常常与他人讲述你的使命和梦想吗？

④你的野心会写在脸上吗？你想要给你的用户建立一座属于你们的城池吗？

（12）**创造者**。具有这类人格的人热爱创造、求真、创新、自由，痴迷于产品和事，往往喜欢降维打击，有高认知，相对而言有一定程度的偏执性，较真，具有典型的工匠精神。他们创造的作品中总有一些你无法猜测和理解的东西，他们的想法总是超越当下，引领时代，而这种状态可以让用户对他们的持续创造抱有期待。这类人格容易吸引弄潮儿，喜欢走在时代前端的用户。创造者表现的是让人类的美好愿景更加具体化，落脚在产品和理念上，能够重塑人们的生存环境和生活方式。比如，苹果手机、乐高都是这类人格的代表品牌，乔布斯是这类人格的代表人物。对我们来说，如果我们要强化这类人格，就需要从以下几个方面着手。

①你的品牌能否创造一个从未在市场上出现过的产品？

②你是否深度热爱创造这个世界的领先感？

③你是否深深信仰创新和改变世界？

④你是否逢人就讲你创造了什么产品，你的产品都是具有思想的作品？

品牌人格十二原型对应着不同的特质和人格。如果将企业品牌和企业家品牌的特质一一对号入座，那么我们就可以挖掘出品牌的优化方向，进而找到落地的方法论。每个真实人格都是复合型的，我们需要找到自己的主人格＋附属人格，从而更加明晰自己的人格角色。唯有人格角色的清晰，才能带来动作的清晰，企业如此，人更如此。

8.8 企业家个人品牌营销的四个思维误区

如果不注意安全，再好的驾驶技术也无济于事。

企业家个人品牌营销可以快速展开，但整个运营过程充满了弯路。如果企业家能提前知道这些弯路，就可以尽早规避，节省时间和精力。

以下四个个人品牌营销的思维误区，企业家要规避。

误区1：内容与我无关，企业家应该关心战略、商业模式、管理

企业家是企业的灵魂，也是个人品牌的核心。如果企业家都不积极参与个人品牌，那么团队如何才能重视呢？没有企业家参与的个人品牌，就如机器人炒的一份菜，是没有灵魂的。营销追求的是什么？是内容，内容源自何处？当然是企业家。内容的输出，企业家一定是亲力亲为，因为企业家的基因才是内容得以诞生的基础。

误区2：尝试运营无果就放弃运营

企业家坚持的决心是个人品牌营销能否成功的关键，至于走弯路、试错等，都是过程，不能因为过程曲折就轻易放弃。我常说，在做个人品牌这条路上，其实拼的并不是谁的能力强、资源多，拼的是谁能锲而不舍地坚持。人生如逆旅，我亦是行人。去过沙漠徒步的企业家

都应该深有体会，前行路上走着走着就只剩你一个人了，你的同行者要么中途放弃了，要么走了弯路，要么跑你前面去了。企业家很孤独，做个人品牌也是一项长期工程，但做好了就会有巨大的回报。

误区3：只运营个人品牌，企业品牌无须运营

个人品牌和企业品牌是双子星，能互相加持。对企业家来说，企业品牌是客观、理性的代表，个人品牌是感性、有温度的代表。个人品牌和企业品牌一定是相辅相成的，个人品牌让企业品牌获得了感性和温度，企业品牌则给个人品牌增加了理性要素。好的个人品牌运营，一定是在个人品牌和企业品牌之间形成连接定位，然后输出品牌活动、内容，进而影响消费者心智。

误区4：过度娱乐，让消费者对品牌有多维认知

无娱乐不营销，娱乐确实是营销的重要元素，因为人往往会追求轻松、快乐的东西。但娱乐不是个人品牌营销的主体，而是辅助工具。很多企业家在做个人品牌营销时，发现以娱乐手段获得粉丝的速度极快，索性就以娱乐为主，这就喧宾夺主了。过度娱乐化只会让个人品牌显得不伦不类，最后以失败告终。

还有的企业家错误地理解了"要让个人品牌多维度、立体有厚度"这个原则，将各种毫无联系的内容都装进来，给人一种杂货铺的感觉。这就会造成消费者认知的混乱，他们弄不清楚你到底擅长什么，到底能提供什么样的价值。一旦消费者认知混乱，他们就会立马抛弃你。

这四大思维误区其实很常见。在这些年的咨询和授课过程中，很多人问过我类似的问题，都是因为他们没有想清楚自己的核心目的，思维不够清晰。只要厘清了自己的思路，这些误区就能规避。

第 9 章

软实力：

看不见的护城河才是最好的护城河

硬实力只是基础的需求，软实力才是深藏不露的。高手一出手，你就知道有没有。当企业家用软资产为企业打造出护城河后，市场的波动只会让他更具竞争力。

9.1 企业的软资产：看不见的核心竞争力

企业最值钱的是什么？

有人认为是收入、现金流等财务数据，有人认为是土地、生产资料等，有人认为是人力资源、用户资源等。从不同的角度讲，见仁见智，企业的有形资产和无形资产都很重要。但最值钱的、有杠杆价值的，还是企业的软资产。

这些软资产，包括数据、文字、图像、音视频、知识产权、商业模式等各种内容，同时也包括人心、人情、人性。

在这个没有硝烟的战场上，**人格、态度、价值观、数字、文字、图片、音视频和知识产权等要素构成了企业生存的基石**。经营企业，不仅要关注硬实力的积累，更要注重软实力的培养。苹果公司真正值钱的并不是它推出的各种手机（因为手机本身的价值是确定的），而是其创新能力、生态系统、供应链管理、研发技术、设计理念、营销策略等。这些软资产一旦出了问题，苹果的市场地位会立即受损，更别说它的市值保持稳定了。

不管在课上还是在书里，我都一再强调要通过人格、态度、价值观、内容等构建品牌的护城河，这不仅仅是因为品牌关系的构建需要这些元素，而且是因为企业的竞争已经是软资产的竞争。没有软资产，企业朝夕不保。

1.数据资产

每家企业在发展过程中，都会积累海量的数据资源，这些资源如果无法被有效利用，就失去了它们的价值。我们通常说的数据资产是指企业或组织拥有或控制的数据资源，这些数据资源能够为拥有者带来经济价值。数据资产可以是有形的，如存储在物理介质上的数据，也可以是无形的，如云存储中的信息。数据资产是企业信息资产的一个组成部分，包括结构化数据（如数据库中的表格数据）和非结构化数据（如文本、图片、视频等）。

我国是全球数字经济发展最快的国家之一，2023 年的数字经济规模已超 50 万亿元。数据作为新兴生产要素，成为推动数字经济发展的重要资源。

数字化、智能化的今天，数据要素的价值不言而喻。

企业通过录像、传感器、社交媒体等各种渠道收集大量数据。对这些数据进行有效的收集、管理和分析，企业可以在市场预测、用户需求分析、运营效率提升等方面做出更加精准的决策。数据驱动决策改变了传统依赖经验和直觉的管理模式，使决策更加科学和准确。

企业通过引入数字技术，可以优化生产流程、提升运营效率、改善用户体验。数字化不仅包括云计算、大数据、人工智能等技术的应用，还包括企业文化和业务模式的全面革新，使企业能够更加迅速地适应市场变化。

2.内容输出

内容输出的核心就是我们所讲的品牌关系，通过品牌多维度的内容搭建、媒介传播、关系构建等，让企业的文化、用户关系、商业模式等得以强化和放大。内容输出的形式有多种，如文字、图片、音视频等。

（1）文字。文字是品牌传播的高价值载体，如文字类商标、宣传语、品牌故事等，都是浓缩的企业文化。**企业通过文字传达品牌故事和企业文化。**无论公司官方网站上的简介、宣传资料中的品牌故事，还是社交媒体上的推广内容，文字都是最基本的表达方式。塑造有感染力和独特性的文字内容，可以有效提升企业的品牌形象和认知度。

当然，企业和个人也可以将文字内容沉淀下来，形成有逻辑性、系统性的内容，出版成书，从而可以影响更多人。比如《定位》这样经久不衰的书，就无限推高了定位相关公司的价值。

此外，企业通过邮件、公告、公文、政策文件等形式进行信息传达和沟通协调，这些文字内容也是极具价值的资产。

（2）图片。人们对视觉信息的感知远比文字信息更为迅速和直接。因此，图片在市场营销中占据重要位置。企业通过优美和吸引人的图片展示产品特点和优势，能够吸引消费者的注意力并激发其购买欲望。无论在电商平台、广告海报还是社交媒体上，图片的质量和创意都会直接影响营销效果。例如多年以前，希望工程宣传海报上那幅睁着大眼睛的小女孩的照片，感动了无数人，推动了希望工程的进一步发展。

在商业领域，那么多企业家为什么极为重视自己的照片，营销宣传时发布的照片都是经过公关部门严格审核的，就是因为影像是会说话的。一些企业会将企业创始人与其他名人的合影装裱起来放在重要位置，目的是增加企业软资产的厚重度。

（3）音视频。自媒体如此发达的今天，短视频、长视频、直播、录播课等都是极为重要的营销资料。一方面，通过音频和视频可以更生动地展示产品和服务；另一方面，多媒体内容更容易被用户接受和分享。因此，企业在市场营销和品牌推广中，可以通过使用产品视频、品牌故事、用户案例视频、直播等形式，提高用户互动性和参与度。

抖音、视频号、哔哩哔哩等平台上拥有巨量粉丝的品牌或个人，都具有很大的影响力。这些粉丝及其打造的个人品牌，都是极为重要的软资产。

3.知识产权

知识产权包括专利、商标、版权和商业机密等。对创新型企业来说，知识产权是一种重要的无形资产，可以保护企业的原创技术、产品设计和品牌价值。在全球市场竞争日益激烈的背景下，知识产权保护已经成为企业竞争策略的重要组成部分。华为、苹果公司为什么市值那么高，因为它们拥有非常多的知识产权——部分行业标准、技术标准等是它们制定的，这本身就是宝贵的知识产权。

这些年，我国企业学到的最重要的经验就是一定要重视知识产权，拥有知识产权的品牌相当于为行业设置了很高的进入门槛，也拥有绝对的市场话语权。

完善的知识产权管理体系，包括申请和维护专利与商标、监测和防范侵权行为、建立商业秘密保护机制等。有效的知识产权管理不仅可以防止创新成果被他人盗用，还可以为企业带来额外的收入，如进行专利授权和技术转让。

4.商业逻辑和模式

商业逻辑是企业经营的指南，决定了企业的市场定位、发展战略和盈利模式。企业需要根据市场环境、用户需求和企业资源等因素，制定科学合理的商业逻辑，确保在激烈的市场竞争中保持稳健的发展态势。

商业模式、人力资源配置等，都是企业宝贵的资产。

企业的软资产涵盖的范围非常广泛。特别是当下，小而美的企业层出不穷。通过无形的资产，企业可以获得更高的估值，人员规模不再是企业竞争的重点。

比如善于做个人品牌的企业家雷军，他一个人的社交平台就为小米赢得了无数的流量，节省无数的营销费用。

9.2 品牌共生：从做一群人的生意， 到做一类人的生意

做一个人的生意，需要付出巨大的成本；做一群人的生意，成本就会被摊薄；做一类人的生意，企业的模式会变得极具价值。

消费者对品牌从喜爱到偏爱的过程，就是从一个人变成一群人的过程。品牌只是为了销量而做营销，也就是将一个人变成一群人。构建良好的品牌关系，就是将一群人变成一类人的过程。这一类人价值观趋同，能够相伴共生。到了这个阶段，消费者与品牌就形成了共生关系，形成了共同体。大家是兴趣爱好、价值观、利益都一致的共同体。

共同体的建立，意味着品牌关系初步成功。这时的品牌关系就变成了一种货币，具有信任属性和价值属性。它在品牌 / 创始人与粉丝之间建立了一种共识机制，搭建了共情的桥梁。

如果没有品牌关系，那么商业关系会极为不稳定，交易的摩擦成本会很高，信任成本会陡增，交易的链条会被无限拉长。拥有了品牌关系，商业共同体就能链接起创始人与超级用户，解决过去单纯靠产品无法解决的难题。

1.企业创始人决定了企业的出发点和风格

每个人先天的基因和后天的生活环境，造就了这个人做事的风格、

擅长的事情、个人品牌的特色。自然而然地，作为企业的主导者，企业创始人个人的基因就决定了企业的基因，影响企业的特质。乔布斯的极客精神、完美主义等特质，决定了苹果公司的特色，就是这样的道理。

企业创始人的思维方式、行事风格、价值观都在无形中影响着整个企业的氛围和文化。在企业创始人的影响下，企业会形成特有的价值观。这些价值观可能体现在对待用户的态度上，也可能表现在对员工的关怀中，或是反映在对社会责任的担当上。这些价值观不仅塑造了企业形象，更成为企业持续发展的动力源泉。

同时，企业创始人的个人品质也会对企业产生深远影响。一个诚实守信、勇于担当的企业创始人会赢得员工的尊重和信任，从而增强企业的凝聚力和向心力。而一个自私自利、只关注个人利益的企业创始人，则可能导致员工离心离德，企业陷入困境。

所以，企业创始人在决定企业基因的同时，也承担着巨大的责任。他需要时刻保持清醒的头脑，不断学习和进步，以适应不断变化的市场环境。同时，他还需要关注员工的成长和发展，为企业培养更多优秀的人才。

在这个过程中，企业创始人还需要具备创新和开放的心态。他需要敢于尝试新的商业模式和管理方法，勇于接受新的思想和观念。只有这样，企业才能在激烈的市场竞争中立于不败之地，实现持续稳健的发展。

2.用户决定了企业的终局

做一群人的生意，品牌往往局限于短期的利益追求，通过广告投放、促销活动等手段吸引消费者。然而，一旦竞争对手采取更优惠的策略，企业就很容易流失用户。

做一类人的生意，品牌就要具备更深入的洞察力和更精细的运营策略。首先，品牌需要明确自己的核心受众是谁，他们有哪些共同的特征、需求和价值观，然后通过精准的市场定位和个性化的产品设计，满足这一群体的独特需求。同时，品牌还需要通过情感营销、社群运营等方式，与受众建立深度的情感联结，增强品牌忠诚度。

在这个过程中，品牌不仅是产品或服务的提供者，更是价值观的输出者。通过与受众共同成长、相互成就，品牌才能实现真正意义上的共生发展。

当品牌与消费者形成共生关系后，消费者不再是被动的接受者，而是企业创新、变革的推动者。他们的声音、需求和反馈，直接影响着企业的产品设计、服务优化和市场定位。企业必须建立起一套完善的用户洞察机制，通过大数据分析、用户调研等手段，深入挖掘用户的真实需求，从而在产品设计和服务创新上做到精准定位、有的放矢。

无论我们之前提到的小米，还是一些网红企业，它们都可以根据用户需求改进产品，为用户提供个性化的产品和服务。网络上有一位老板一直在推销自己的雨伞，但因为他的雨伞太大众化了，消费者都不买单。有人向老板提议设计一些个性化的雨伞，消费者肯定买单。老板听从了建议，通过自己的雨伞工厂，设计并生产了很多看起来好玩、有趣的雨伞，并在直播间展示，果然销量大涨。消费者也成了老板忠实的粉丝，并持续提出各种产品改进建议。

　　虽然企业创始人为企业带来了个人基因特质，但企业能发展到什么程度、能走多远，这是由用户决定的，因为他们的需求才是企业持续发展的不竭动力。

9.3 失控：与变化共舞

我们都有这样一种感受：在互联网、人工智能时代，黑天鹅不断涌现。

这些年，很多企业做大又衰落，很多品牌刚赢得广泛的关注却又快速凋落，市场上熙熙攘攘，各领风骚好几年。互联网企业起起伏伏，昔日的王者今日被后来者淘汰。传统企业全面拥抱互联网、人工智能，跟不上节奏的企业都已经消亡。

所以，什么是长久的？什么是短暂的？

1.长期主义对抗不确定性

当然规律是长久的，长期主义是长久的。日月得天而能久照，四时变化而能久成。顺应自然规律，做事不离章法，才能在更长的时间尺度上，获得不俗的成就。做品牌也是同样的道理，只有懂得品牌规律、底层逻辑以及关系对品牌的价值，构建品牌才能有未来。

至于具体的方法，其实是千人千面的。

品牌一定带着创始人的基因特质，一定如做人一样步步精进，所有想走捷径、抄近路的行为，无疑都会为未来埋下祸根。饭总得一口一口吃，路总得一步一步走。

品牌的打造是创始人一生的事业，并不是 × 招、× 计就能解决的。创始人鲜活的生命之上生长出来的品牌是自然而然的，所有外在的术、法、器，不过都是锦上添花。**台下的狡猾成不了器，台上的真诚才是真金。**

在这个很多人都追求速成的时代里，坚守初心、坚持梦想很不容易，但正因为不容易才更显价值。穿越生命的历程，被时间打磨过的东西总会熠熠发光。让自己内心充满愉悦的事情，才值得用尽力气达成。

我们正在进入共同富裕的时代浪潮，国家、社会、人民想让我们去做的事情，才真正值得去做。**享天下之利者，任天下之患；居天下之乐者，同天下之忧。创始人要做这个时代的英雄，就必须"任天下之患"。**

个人品牌打造的意识才刚刚萌芽，未来 10 年将有更多的人意识到并需要打造个人品牌，因为这是一生最珍贵的资产。

选择了品牌，就选择了一生。想法可以天花乱坠，行动必须坚定而持续。这个世上最大的危险就是试试看，能让人飞起来的，不是想要飞的欲望，而是飞不起来就要死的绝望。

2.进化是品牌长青的秘密

如果你读过凯文·凯利（Kevin Kelly）的《失控》一书，那么你就会对商业的变化充满信心。世间万物的变化，是任何人都控制不了的。但组织有自我进化的规律，品牌成长有其规则。顺应变化，持续进化，才是商业的王道。

在自然界中，许多复杂的系统和现象是通过自下而上的方式，即通过众多简单个体的相互作用和协作，而不是通过中央控制实现的。在商业世界中，这种方式更加明显，没有人能指挥消费者的需求，没有品牌能脱离消费者而掌控全局。消费者对品牌会产生影响，品牌对消费者也会产生影响，这种共生关系是品牌成长的基础。每个品牌都会自我组织和进化，都会靠着群体智慧呈现无穷的魅力。

在自然界中，欣欣向荣的动植物都在自我组织中发展出适合自己基因的行为模式。企鹅生活在极地，怡然自得。非洲草原上的狮子、大象进化出了适应这个环境的生存技能。生物们都进化出了和谐的生存关系。

更何况商业活动，商业系统可以在没有外部指导或计划的情况下自行组织和演化，这种自我组织的力量是生命、经济和社会进化的关键驱动力。所以手机有各种品牌，消费者怡然自乐；服务业多种多样，消费者选择最适合自己的。

品牌会变化，不管视觉设计还是品牌内涵，都随着商业活动的开展而逐渐丰富。品牌关系也会变化，不管与消费者的关系，还是与市场的关系，都随着市场的变化而随机应变。消费者可以是品牌的旁观者，也可以是品牌的朋友，更可以是品牌的深度参与者。

在商业关系中，**变化是唯一不变的常数**。商业系统和组织必须不断适应与演化，以应对不断变化的环境和挑战。未来充满了不确定性，商业和品牌关系的脉络却可以有规律可循。

能够赢得人心、持续进化且不断适应时代发展的品牌，从来都不会被淘汰。

9.4 情义化商业时代：未来品牌的趋势

小的时候，人会贪恋某个物件。有的孩子一直带着心爱的玩具，有的孩子看到自己的枕头就会心安。孩子是与物建立了感情吗？并不是，**物只是载体，其承载的是有温度的情感。**

人只会与人建立情感，物只是载体而已。

那些觉得只要把商品或服务提供给消费者，一切就万事大吉的企业，很快就会被市场淘汰。消费者的情感满足，有时候比商品更重要。

消费者不怕虚情假意，就怕无情无义。

在为河南省水灾捐款中，鸿星尔克在自身经营都危机重重的情况下，向河南捐出了价值 1000 万元的物资。这种看起来不理智的行为，背后是情义无价。因为被感动，所以网民才会以近似狂热的方式，支持鸿星尔克。可以说，鸿星尔克现象不是个体的胜利，而是大众需要它胜利。它满足了网民的情感需求。

1.讲情义

商业已经走过了迅猛扩张的阶段，需要精细化、感性化的运营。冷冰冰的物物交换已成为过去，**真诚与真性情成了商业的稀缺品。**做好服务、彰显真诚，也是企业和品牌创新的突破点。

那些能够真诚待人、用心服务的企业，往往能够在激烈的市场竞争中脱颖而出。**真诚与真性情不仅能够打动消费者的心，更能够与消费者建立起长久而稳固的商业关系**。在这个信息爆炸的时代，消费者对于商业信息的接受已经越来越挑剔，只有那些真正能够触动他们内心的信息，才能够引起他们的共鸣和关注。

无论线上还是线下，无论产品还是服务，都需要企业和品牌以消费者为中心，用心理解他们的需求和期望，用真诚回应他们的关注和信任。只有这样，企业和品牌才能够在商业领域立足，赢得消费者的认可和尊重。

在未来的商业世界里，情义无限的理念将会越来越被重视。那些能够真正理解并践行这一理念的企业，将会在这个充满变数和挑战的时代，创造出更加辉煌的商业成就。

2.人情是建立信任和安全感最重要的底层

商业的本质是交换，但交换的背后是信任和情感的积累。在数字化的商业时代，我们虽然可以通过算法精确地分析用户的需求，但真正的信任和安全感往往来自那份超越数字和代码的人情味。

当冰冷的数字和逻辑无情地冲击用户时，用户感受到的不是满足，而是愈发空虚。**用户内心的柔软，需要人情味去抚触**。真诚的笑容、温暖的话语和贴心的服务，都能让用户在商业交易的过程中感受到温暖和信任。

无论个人关系还是商业交易，信任都是基础。人情通过长期的互动、互惠和共同的体验建立与强化信任。当人们感觉到对方关心自己的福祉时，信任就会增强。安全感来自对未来的预测和信心，相信自己的需要会被满足，自己的利益会被保护。人情提供了一种社会支持网络，让人在困难时感到有所依靠，从而增强安全感。

无信任的交易，无法持久。无安全感的商业，转瞬就会被市场抛弃。

3.人格是不可替代的

随着消费市场的变化，品牌的价值更加突出，而**市场交易的核心逐渐从以"物"为中心过渡到以"人"为中心，人成为市场交易的关键节点，人格化商业时代来临。**

所谓人格化商业，即以人为商业核心，以企业创始人的社交、态度、价值观、专业知识等为脉络，以产品为沟通载体，形成新型的消费模式和消费圈层。在人格化商业中，消费者在消费产品的物理属性时，更加看重企业创始人传达的理念、态度和价值观，更加看重产品蕴含的社交货币属性。产品的实用价值只是产品的标配，而产品传达的态度、价值观、社交货币属性等，才是产品的差异化竞争力。

理性的商业时代充满了数字；感性的商业时代充满了情义。

无论科技如何发展，只要交易的主体是人，人格就是不可替代的，几乎所有的商业都需要弥补人情味的缺失。

在商业活动中，我们应该更加注重人格的塑造和提升。这不仅仅意味着我们需要具备专业素养和技能，更意味着我们需要关注自身的情感表达、沟通能力和人际交往的技巧。只有这样，我们才能在商业活动中更好地发挥人格的力量，弥补人情味的缺失，赢得更多的信任和支持。

4.善意永远是这个世界上最大的需求

要始终相信，得人心者得天下。

任何时候，善良是做人的基本要求，也是品牌的基本底线。优秀的品牌要能给消费者带来使用的快感，帮助消费者解决问题，保障他们的生命健康。有的产品看似很好，实际上使用后会给消费者的身体、精神带来伤害，这样的品牌是没有前途的。

真、善、美，这三个字，不仅是对人性的追求，更是对品牌的最高要求。真即真实，品牌必须真诚面对消费者，不做虚假宣传，不隐瞒任何瑕疵。善即善良，品牌要传递正能量，倡导社会公德，关心弱势群体，用善意感染每个人。美即美好，品牌要追求美的设计、美的体验，让消费者在享受产品的同时，也能感受到美的力量。

要建立这样的品牌关系，并非一蹴而就。它需要我们用心感受消费者的需求，用智慧创造独特的价值，用勇气面对市场的挑战。只有这样，我们才能在商业的海洋中建立起不可逾越的引力效应，让我们的品牌成为商业关系网络中不可替代的恒星。

最后，我要说的是，善意永远是这个世界上最大的需求。在商业世界里，只有心怀善意，才能赢得人心、赢得天下。因此，我们要始终坚持用善意对待每个人，用善意打造我们的品牌。相信只要我们做到了这一点，那么我们的商业之路就会越走越宽广、越走越光明。

9.5 最后的归宿：人格化建立超级关系是企业家的终局

人在接电话的时候特别有意思。有一次我去用户公司洽谈工作，刚坐下和用户闲聊了几句，他的手机就响了。接起电话后，他边说边笑地聊了几分钟。放下电话，他说："这是我的甲方客户，有个项目敲定了。"刚说完，又有电话打进来，他看了一眼，说是他女儿，得接一下。他跟个孩子似的，哄了女儿几句，满脸笑容，非常幸福。挂断电话后我们聊了不一会儿，他的销售总监又打来电话，他在电话里厉声骂了几句就狠狠地挂了电话。

仔细想想，每个人接电话时何尝不是这样。我们接电话时，表现为什么会不一样？是因为我们的性格变了吗？并没有。唯一发生变化的是我们所处的关系。我们生活在各种各样的关系中，与周围的世界、他人、自己，都建立了或远或近的关系。

而关系往往决定了我们的行为、决策、动机，甚至是习惯。

商业的本质是关系，当我们满足了消费者的某个需求时，这份关系就会被构建，进而被放大，进化出商业模式。

某个商业模式的出现本质上是解决了一个问题。问题因消费者出现，也最终因消费者而解决。企业家是解决问题的人，也是这份商业关系的守护者。能与消费者建立长久而稳健的商业关系，不单靠产品、商业模式，企业家展现出来的情义、为维护关系而付出的深情才是核心。

数字化、智能化时代，所有的产品、数据、模式等，都无法再深刻地影响消费者。冷冰冰的物理特性触手可及，但温情、温度与人性的魅力却越来越稀少。这才是企业家的机会。

企业竞争到最后，都是品牌的竞争。企业家竞争到最后，都是人格的竞争。

企业竞争归根结底是品牌的力量在角逐。品牌如同企业的灵魂，承载着企业的理念、文化和价值观，是企业在激烈的市场竞争中脱颖而出的关键。当一家企业成功地塑造了自身的品牌形象时，它不仅赢得了消费者的信任和认可，更在市场中建立起了独特的地位。

作为企业的掌舵人，企业家的个人品牌同样至关重要。企业家的特质决定了企业的特质，企业家的风格决定了企业的风格，企业家的长项也决定了企业的长项。在竞争日益激烈的商业环境中，企业家的个人魅力、智慧和领导力往往成为企业能否持续发展的关键。一位优秀的企业家不仅要有敏锐的市场洞察力和战略眼光，更要有独特的个人魅力和领导力，能够带领团队应对各种挑战和变革。

随着时代的进步和消费者的日益成熟，品牌的竞争已经从单纯的产品质量、价格等方面上升到了文化、情感等更高层次。企业和企业家都需要不断创新和突破，以更加独特和深入的方式塑造自身的品牌形象和个人品牌，从而在激烈的市场竞争中占据优势地位。

除此之外，**打造品牌关系，归根结底是为企业战略服务的。**

在竞争激烈的市场环境中，品牌关系的构建和维护已经成为企业取